Marta Göransson

Susanna som älskade livet

Susanna i ett nötskal

FSC
www.fsc.org
MIX
Papper från ansvarsfulla källor
Paper from responsible sources
FSC® C105338

Förlag: BoD · Books on Demand, Östermalmstorg 1,
114 42 Stockholm, bod@bod.se
Tryck: Libri Plureos GmbH, Friedensallee 273,
22763 Hamburg, Tyskland
ISBN: 978-91-8080-819-4

Denna bok tillägnas

make Joakim, sönerna Gabriel och Elias

släkt och vänner

Prolog

En regnig höstdag i oktober 2022 besöker jag Susanna på sjukhuset. Samtalet, troligen påverkat av det trista vädret ute, går trögt. Några enstaka svar får jag på mina frågor. Efter en stund börjar Susanna prata:

- Jag bara ligger eller sitter här i sängen, orkar inte göra något annat utan bara att tänka och tänka. Har jag några tankar kvar? Eller har jag tänkt färdigt? frågar jag mig.

och Susanna fortsätter:

- Ett ben rör på sig, det andra benet ligger still. Den ena handen kan jag använda för att äta och hålla telefonen medan den andra ligger längs min vänstra sida intill kroppen som är helt okänslig. Hur länge ska detta pågå? Jag orkar inte längre. Jag har förberett min begravning, planerat allt tills minsta detalj. Jag valde musiken, valde sånger i kyrkan och framförde min önskan om plats där jag kommer att ligga.

Det blir tyst ganska lång stund. Slutligen fortsätter Susanna att prata vidare:

- Med min mor har jag ofta kontakt. Nästan dagligen. Jag talar om för henne att den tiden vi, mor och jag skall mötas och blir tillsammans är inne. Men, min mor vill inte ha mig, inte än. Hon säger att jag är besvärlig, jag får stanna kvar i livet och uträtta det som jag blev tilldelad. Jag är tämligen inte klar ännu med alla uppgifter i detta liv. Så sade min mor.

"Det finaste vi kan ge varandra är vår tid"(Hennes Vag). Käraste Susanna. Detta citat säger allt om dig som den stora medmänniska du är. Tiden du fick i din vagga till ditt förfogande har du använt på ett ypperligt bästa sätt. Du lärde andra

människor att uppskatta livet och att leva det. Du gav råd, du var en förebild, du gav och gav. Det var inte pengar du gav, du gav det viktigaste i livet, du gav din tid. Vi är många som uppskattar och känner stor tacksamhet inför dig för att livets vägar förde oss samman och att vi fick förmånen att lära känna dig.

Så är det nog. "Vi föds, vi gör ett varv runt jorden, skapar och lär, och när den tiden kommer då är vi på väg hem". Rymdstyrelsen (det får tolkas poetiskt)

Så blev det för dig också. Din tid kom den 30 januari 2023. Denna dag kom du **hem**.

Käraste Susanna, den här boken är skriven till dig och handlar om dig och ditt idoga arbete. Den handlar också om de många av de människor du mötte på din väg, den berättar om dina stora gärningar och slutligen om din kamp för livet. Livet som du älskade så mycket!

Marta Göransson

En liten historielektion

Vinni Jensen, Susannas mor föddes under brinnande krig den 9 mars 1943 i Århus.

Danmark förklarade sig den 1 september 1939 neutralt. Trots neutralitet marscherade tyska armén den 9 april 1940 in i Danmark under operation *Weserübung*. Samma dag anföll tyskarna också Norge. Tyskarnas planer var att säkra flygfält på Jylland för att kunna lättare styra järnmalmstransporterna från neutrala Sverige till Norge som i sin tur skulle säkra tyskarnas anfall av Storbritannien. Samma år som Vinni föddes växte dansk motstånd allt mer och protesterna mot tysk ockupationsmakt fick allt mer vind under vingarna. Tyskarna accepterade inte danskarnas motstånd. Istället svarade de med införandet av undantagstillstånd den tjugonionde augusti. För invånarna blev livet svårare att uthärda. Många människor skickades till koncentrationslägren i Tyskland och Polen. Grupperna bestod av motståndsmän, judar, kvinnor och barn. Så småningom kom freden. Danmark befriades den femte maj 1945 av brittiska trupper. Livet i Danmark återkom långsamt till det normala och människor fick tillbaka tron på framtiden med frid och fred. Så fick även Vinni efter de två första barnaåren under kriget uppleva en lycklig barndom, senare skol- och ungdomstid.

Snart kom den tid då Vinni längtade att se mer av världen. Lilla Danmark räckte inte för hennes drömmar. Grannlandet Sverige lockade henne. Inledningsvis började hon med kortare arbetsvistelse i landet innan hon definitivt bytte Danmark för Sverige. Året var 1964. Vinni, tjugoett år var nu utbildad frisör. Hon hann med några års praktik på välkända hårsalonger i Köpenhamn innan den definitiva flytten till Sverige. I sitt bagage hade hon tillräckligt med goda referenser som hon kunde visa för sin nya arbetsgivare. Vinnis mål var att vidareutvecklas i yrket och förmodligen hitta också en livskamrat. I likhet med många unga flickor längtade även Vinni efter den rätta prinsen att kunna dela sitt liv med. Det kunde också vara en anledningar för flytten.

Vinnie fick anställning på en välkänd NANs hårsalong som låg på Norra Hamngatan i Uddevalla. Till att börja med delade Vinnie lägenhet med en kompis på Tureborg. Hon arbetade långa dagar, sparade varenda krona. Egen salong var hennes mål och för det behövde hon spara pengar. Trots hennes ständiga arbete fick hon ändå lediga stunder och då levde Vinni upp. Fester och utflykter stod högt upp på listan. Nyvunna privilegiet att själv kunna bestämma över sitt liv skulle upplevas ihop med andra ungdomar. Vinni, den sociala typen hon var hade inte svårt att skaffa sig nya vänner. Varför skulle hon inte göra det, hon var några år över tjugo.

Vinnis salong och Susannas tillblivelse

Historien om denna hårsalong på Nordens väg startade på 60-talet med Vinni i huvudrollen och sträcker sig fram till Vinnis död 2005. Susanna tog över salongen och hade den först ensam och sedan kom Eja som hyrde en stol på salongen fram till 2014. Sedan dess driver Eja salongen ensam. Under flera år har Eja och Susanna arbetat tillsammans.

Vinnis ihärdiga arbete och strävsamt sparande gav resultat. Utan förvarning kom ett tillfälle, som det ibland sker i livet. En lokal med källare blev ledig och hon fattade då beslut att starta eget som för Vinni blev en motivation och drivkraft att arbeta hårdare.

Källaruttrymme kunde hon nyttja till övernattning, allt för att spara pengar. Ekonomin var den springande punkten. Kan hända att beslutet att stå på egna ben togs alldeles för tidigt. Kundunderlaget var inte så stort, hon fick kämpa. Det gjorde hon, på alla plan. Till att börja med fick hon lösa två problem för att överhuvudtaget kunna äga salongen och utöva sitt yrke. Det första var att få tillstånd som hon också fick på Miljö och Hälsoskyddskontoret i Uddevalla. Det näst viktiga var behovet av en kassaapparat. Denna köpte Vinni av ett litet företag som sålde kassaapparater, bland annant. Mannen som hon gjorde denna affär med blev också hennes vän, ett tillfälligt bekantskap. Gunnar hette han. De träffades då och då.

Vinni kände på sig att hon var på rätt spår i livet. Hon fick fast punkt att stå i. Hade arbete, kundkrets som långsamt men stadigt ökade och hade någonstans att bo. Vinni kunde leva livet. Det gjorde hon.

*

"Det blir aldrig så som man tänker sig." Vinni, nyss fyllda tjugofem år, upptäckte att hon var gravid. Det hade hon inte tänkt sig än och inte heller att far till hennes första barn skulle bli den man hon ibland

träffade. Alltså en tillfällig bekantskap som hon några månader sedan köpte kassaaparaten av. Vinni kände som om en tromb träffade henne och marken började gunga under hennes fötter. Jovisst, hon ville bilda familj med barn och man men inte än och inte med denna man. Vinni blev villrådig. Det löste sig. Vinni behövde inte bekymra sig över att bilda familj med denne man. Den stora vinsten, som det visade sig senare, blev Susanna, Vinnis kärleksbarn. Eller som Susanna själv deklarerade i sitt sommartal att hon blev "tillverkat" i en kälarlokal.

Denne Casanova tillika Susannas biologiske far hade sammanlagt sex barn Jan, Ove, Leif, Robert, Ulrika och Susanna som var det yngsta barnet och som aldrig träffade sin far. Tre bröder bor i Stockholm. Susanna lyckades få kontakt med en av dem, Robert. Senast och sist träffades de år 2019. Susanna var då i Stockholm där hon spelade in sin egen berättelse om pågående cancerbehandling. Detta gjordes för Frisörsföretagarna där Susanna var styrelsemedlem.

*

Vinni fick kämpa på. Hon var en kvinna som inte lät andra vänta länge att ge svar när det uppstått problem. Hon var rak på sak. *"Problem och tvister får man lösa direkt"*, var hennes motto. Det gjorde att hon fick en del ovänskap kring sig. Samtidigt, utan att hon visste om det blev hon mer och mer accepterad och fick känna respekt från omgivningen. Ekonomin var ständigt den springande punkten för henne. Det fodrades att hon arbetade ännu mer för att trygga försörjningen. Med en stadigt ökande kundkrets ökade även inkomster. Från början kom grannfruar och närboende till salongen. Med mun-till-mun-metoden spreds rykte om en duktig frisörska och kretsen av nya kunder blev större med tiden. In i salongen kom kunderna direkt från parkeringen framför huset. Där fanns plats för fyra bilar avsedda för kunder till hårsalongen och kemtvätten, senare pizzerian. Till höger om dörren fanns en spegel. Kunden brukade noggrant memorera sin gamla frisyr som av den duktiga Vinni inom kort skulle omvandlas till vacker hårskapelse. På vägen ut fick kunden ånyo se sig själv i spegeln och betrakta denna skapelse samt nicka erkännande till Vinni.

..På vänster sida om dörren fanns ett stor fönster prydligt arrangerat med hårprodukter och blommor, där fanns också en disk för tidbeställning och betalning. Utmed väggen stod fyra frisörstolar. Alltså, på salongen arbetade två färdiga frisörer och två frisörselever. Höger om ingångsdörren fanns ett bord och två stolar för kunder som väntade på sin tur och läste damtidningar som alltid var och fortfarande är mycket populära att läsa på salongen. Ännu längre till höger gick en trappa ner, till källarvåningen.
Utöver denna salong arrenderade Vinni också en liten salong uppe på Bohusgården.

Året var 1968 och Susanna kommer till världen

Vintern var på avtagande och våren på intåg. Våren närmade sig med sin fulla prakt även detta år, så som den alltid hade gjort vartenda år sedan urminnes tider. Naturen följer sin egen klocka. Nu var det dags igen för naturen att vakna upp och låta jorden reda sig. Snön smälte bort under allt mer tilltagande solvärme. Denna värme blev givande kraft för de första vårblommorna. Tussilago, den första favoriten vid vägkanterna lysande med sina små gula huvuden. På tur stod maskrosorna, vitsipporna och blåsipporna. Många andra vårblommor bredde ut sig och charmade omgivningen med sin skönhet. Ängar och beteshagar blev grönare för varje dag och erbjöd kossorna det späda gräsen till sin första måltid. Fåglarna lät inte heller vänta på sig. Många fåglar hade redan återvänt från sina vinterkvarter för att bygga bo och hinna fortplanta sig innan det var dags att flyga bort igen till varmare breddgrader. Bofinkar, sädesärlor, sånglärkor, rödhakar, trastar och starar bjöd på vårens vackraste konserter i gryning och i skymning.

Åkrarnas grå nyans omvandlades nu till den vackraste skira grönskan som bara våren kan erbjuda. Varje års vår är den vackraste. För en bonde finns inte något större och heligare än den första vårsädens blad av havre, korn och vete. Det är det nya livet som spirar fram och som är det finaste och mäktigaste ögonblick i varje bondes arbete. Bonden skattar denna tid högt och tänker då på Harry Martinssons dikt om daggmasken, den undre bonden som hjälper till att klä våren i ny dräkt:

Vem vördar daggmasken,
odlarn djupt under gräsen i jordens mull?
Han håller jorden i förvandling.
Han arbetar helt fylld av mull,
stum av mull och blind.

Han är den undre, den nedre bonden
där åkrarna klädas till skörd.
Vem vördar honom,
den djupe, den lugne odlaren,
den evige grå lille bonden i jordens mull?

Denna naturens kraft kom Susanna att uppskatta allra högst. Det var nu i denna vackraste årstid Susanna gör sin entré i den stora världen. Den vackraste årstiden och den vackraste månad på året –maj. Inte bara den skira grönskan utan även kärlek spirar under denna vackra tid. I flera europeiska länder kallas maj månad för kärlekens månad och den första maj ska flickan få en kyss av sin pojkvän. Första maj har stor betydelse också för arbetarrörelsen i hela världen. Denna dag går tusentals människor ut på gatorna och demonstrerar mot förtrycket i många länder världen över.

*

Vilodagen, söndagen den 19 maj 1968 kom Susanna till världen. Många år senare minns Susanna:

- Det är för min skull människor var lediga denna dag, för att ära min ankomst.

Även om Susannas tillblivande skedde i källarvåningen fick inte Vinni och hennes lilla dotter bo i denna enligt socialtjänstlagen. Vinni fick söka bostad, förresten hon undersökte möjligheter redan under graviditeten. Hon drog nytta av sina kontakter och vänner som hjälpte henne. Det blev en trea på Tureborg som Vinni delade med Siv Engström. Siv i sin tur hade en liten pojke. Lägenheten på Tureborg med tre rum och kök blev Vinnis och Susannas första bostad. Källarvåningen användes till vila, lunch och ibland barnpassning. Alltså, Susannas levnadsbana påbörjades i mångt och mycket i källarvåningen.

Några andra historiska händelser från samma år.

År 1968 blev också utmärkande för stora förändringar och händelser i världen och som påverkade livet också i Sverige.

Studenterna demonstrerar för mer frihet, i synnerhet den sexuella friheten. Ungdomsrevolten i Europa startade i Frankrike som gick i täten för denna frigörelse och spred sig till Italien, vidare till Tyskland. I Sverige grydde revolten mot Vietnamkriget. Kårhuset i Stockholm ockuperades och radikalisering var på frammarsch. Många studenter upptäckte Karl-Marx lära om rättvisa på nytt. I USA mördades medborgarrättskämpen Martin Luther King och senare även presidentkandidat Robert Kennedy.

Efter de framgångsrika åren med teknikutveckling och optimism får Rachel Carsons bok *Tyst vår* från 1962 en stort genomslag. Jordens resurser var inte obegränsade och den tredje gröna vågen växte i ungdomarnas medvetande om att jorden inte skulle räcka till i all oändlighet. Vi behövde dela med oss och värna om det viktigaste vi har - jordklot och fred.

Friheten från västländerna spred sig vidare till länder i det sovjetiska blocket bland annat Tjeckoslovakien, mitt gamla hemland. Människorna i detta land önskade att bestämma själva och på så sätt staka ut sin egen väg. Det blev nog med det sovjetiska oket, ansåg människor i Tjeckoslovakien. Alexander Dubcek, generalsekreterare för kommunistiska partiet ledde ett program ”socialism med mänskligt ansikte”, med bland annat förebild från svenska socialdemokratiska partiet och dess ordförande Olof Palme. Den påbörjade friheten och framtidstron krossades under invasionen av Warszawapaktens armé den 21 augusti 1968 och detta historiska år blev i hela världen känt som Pragvåren 68. Drömmen krossades och Tjeckoslovakien fortsatte under sovjetisk styre ändå fram till år 1989 när Berlinmuren föll och flera andra sovjetiska satellitstater lämnade det gamla styret.

Vad mer hände året 1968? Många, många fler händelser i världen och i varje människas liv. I Uddevalla, till exempel öppnades Landbadet vilket upplevdes som stort av alla boende i staden med omnejd.

*

Människor formar politik och politik formar människor. Hur man än vänder och vrider på det är det människorna på denna planet som alstrar liv och skapar glädje. Nya uppfinningar och nyskapande berikar människan och tar henne framåt både på gott och ont. Det är i första hand de personliga framgångar som gör att livet är värt att leva.

Så blev det också för Vinni. Susannas ankomst i denna stora värld var det den största händelsen för mamma Vinni i detta år.

Gudmor Barbro kommer in i bilden

Barbro, sexton år 1967 sökte en lärlingsplats. Hon placerades hos Vinni med kontrakt på fyra år och avslutande gesällbrev. Här skulle Barbro lära och vidare förkovra sig i sina påbörjade färdigheter som blivande frisörska. Praktik innebar klippning, frisering, hårtvättning och även den sociala biten som umgänge med kunder. Vinni blev glad för Barbro visade sig att vara en duktig lärling och en god hjälpreda som ställde upp med mycket mer än att bara lära sig frisöryrket. Efter knappt sex månader hos Vinni kom lilla Susanna, den nittonde maj 1968. Till att börja med fick Barbro ersätta Vinni under hennes tid på BB. När Vinni återtog platsen vid frisörstolen blev Barbro lite allt i allo. Utöver frisörssysslor fick hon sköta om den nyfödda babyn med allt vad det innebar: hennes hygien, mata, bada och leka med henne. Inte ovanligt att Barbro fick ställa upp även på fritiden och ta hand om Susanna. Hade den lilla tösen nytta av denna omsorg? Ack, ja. Med facit i hand kan man nog säga det. Barbro blev hennes gudmor och bandet mellan dessa två blev starkt och med tiden utvecklades denna relation till ett starkt familjeband.

*

Under den allra första tiden vistades Barbro och Susanna i källarvåningen. Susanna var aldrig där ensam. Mestadels låg hon i barnvagnen under sitt tjocka duntäcke som ställdes utanför ingången till salongen medan mamma Vinni arbetade. Susanna fick inte bröstmjök, Vinni kunde arbeta ostörd och vällingen till barnet ombesörjdes av Barbro. Efter en snabb lunch tog Barbro en kort promenad med Susanna då även Vinni följde med ibland. Tiden gick, Susanna blev större, hon kunde sitta och stå på egna ben. Då kom nästa fas i barnomsorgen och barnuppfostran. Mamma Vinni placerade Susanna i en liten lekhage med några leksaker i. Lekhagen ställdes mitt i salongen. Den lilla flickan hade den bästa utsikten, iaktog vad som hände kring henne. En tanke dyker upp. Föddes Susannas nyfikenhet då och där? Kanske. Ständigt nya damer både gamla och unga, pratsamma och bittra, glada och sorgsna. Ibland kom en och annan tant med en liten leksak till den lilla flickan. Denna första tid, i många vuxnas närvaro, ständigt pratande, skrattande, frågande och artikulerande lade kanske grunden till hennes nyfikenhet och vetgirighet senare i livet. Tröttnade hon att titta på "gamla" tanter då satte hon sig på golvet och lekte med sina leksaker. Susanna grät aldrig eller mycket sällan och pratade inte mycket heller, minns Barbro.

- Jag undrade ofta varför hon var så snäll och inte grät, inte sökte uppmärksamhet. Senare när jag själv fick barn blev det minsann annorlunda, berättar Barbro.

Även om Susanna inte pratade eller pratade bara lite, lyssnade hon desto mer. Hon lyssnade noga på allt prat tanterna förde sinsemellan eller med Vinni. Det kunde vara senaste dagarnas händelser, minnen som kunder berättade för Vinni, planer för den närmaste vecka, anledning varför tanten, damen eller ung flicka ville ha en ny frisyr. Den annalkande bröllop eller festmiddag med sin käraste? Kanske. Ämnena var många. Ibland tog samtalet upp ämnen som inte passade för lilla flickas öron. Rena skräckhistorier, vad kunden hade varit med om, drömt om. Det skulle tolkas och förklaras. Vinni blev då till stor hjälp och kunde lugna kunden. Hon hade förmågan att hitta tecken som förklarade varför det som hände blev på det och inte på annat sätt.

Redan som det lilla flickebarnet vistades Susanna i frisörsalongen inte bara i surrande ljud av för det mesta kvinnoröster utan även bland allehanda dofter från schamponering, permanent, hårsprayer. Förmodligen skulle det vara förbjudet idag att ha sitt barn i en sådan miljö. Jag antar det.

Med tiden blev Vinnis ekonomi bättre och hon sökte en större bostad som hon också fick på Skogslyckans område, på Cyklonvägen. Det blev en tvårumslägenhet vilket hon välkomnade med stor glädje. Året var 1970.

*

Mamma Vinni var ute och roade sig ibland. För Barbro var det mycket lärorik men ack så annorlunda mot hennes föreställningar om vad lärlingsplatsen skulle omfatta. Trots det, trivdes Barbro både med arbetsuppgifter som lärling och med uppgiften att ta hand om den lilla babyn. Men det hände dock saker som Barbro inte tyckte om. Barbro vill minnas händelser som störde henne själv och som hon uppfattade som negativa från Vinnis sida gällande hennes omsorg om lilla Susanna. Barbro berättar:

- När Vinni var ute och roades med sina vänner tog hon Susanna med. I vänners lag som det brukar vara drack man mer eller mindre alltid alkohol. Då ringde hon mig och bad att komma hämta och köra hem dem. Jag som inte hade körkort än. Men det gjorde jag. Som tur, det blev bara korta sträckor på små vägar. Lilla Susanna satt eller låg i baksätet, liten som hon var. Så skulle man inte kunna göra idag.

Det hände att mamma Vinni hörde klagomål om att hennes dotter aldrig eller bara sällan kom ut och att Vinni inte visade tillräckligt ansvar för sin dotter. Ibland tänker människor för mycket och drar felaktiga slutsatser bara utifrån det de ser. De skapar egna föreställningar om det goda eller om det onda utan att tänka längre än näsan räcker. Att prata bredvid mun, skapa sig egna föreställningar om andras beteende föder ännu mer skvaller vilket kann bli förödande för den berörde. Lätt att döma andra utan att tänka på orsakerna till denna verklighet och på konsekvenserna för den berörde efter en stormflod av löst prat. Som tur var, sådana händelser blev inte regel i Vinnis liv. Det andra var att Vinni var en stark person och kunde hantera sådana rykte.

*

Barbro var en glad flicka, full av energi och hon klarade med bravur att både lära sig yrke hon valde och att ta hand om ett litet barn.

- När jag tänker efter, säger Barbro, jag fick praktik i barnskötsel som jag hade stor nytta av när mina egna barn kom till världen.

Som sagt hon var glad vilket var en motpol till den ganska allvarliga atmosfären i salongen med både gamla och yngre tanter, kunder. De fyra åren Barbro fick hos Vinni närmade sig slutet. Barbro fick gesällbrev 1971. Som en nyutexaminerad frisör blev Barbro anställd på en frisörsalong på Unneröd. Hon ville stå på egna ben. Ungefär samtidigt träffade Barbro den pojke som blev hennes livskamrat. De gifte sig och skaffade ett eget hem. Relationen mellan Vinni och Barbro och mellan Barbro och Susanna hölls i sig. Banden de knöt under fyra år utvecklades till en vänskap som heter duga och fortlevde till dagens datum. Barbro, gudmor som klarade sina uppgifter med råge hörde till Vinnies familj. Susanna å andra sidan tillhörde och räknades som familjemedlem hos Barbro och hennes egen familj. Rentav föreslog Barbro till Vinni att Susanna skulle få bo under en period hos hennes lilla familj som snart skulle utökats med dotter Louise som var på väg.

*

Innan Barbro slutade sin lärningsutbildning och lämnade salongen passade Vinni på att koppla av och hitta nya vänner och eventuell en ny kärlek. Orsaken var hennes ensamhet i det kalla landet, Sverige. Vinni hade Susanna men hennes ensamhet var av en annan art, den hade emotionell karaktär. Att ha nära relation, ha någon som hon skulle kunna dela sina innersta tankar och känslor med. Det saknade

Vinni. Barnvakten till Susanna hade hon fortfarande. När tillfället kom gick hon gärna på krogen och dansade. En kväll träffade hon en stilig man som var här i landet på tillfälligt arbetstillstånd för ett arbete på Uddevallavarvet. Han var engelsman, hette Robert Scott och det uppstod tycke som övergick i djup kärlek. Det trodde i alla fall Vinnie och resultatet lät inte vänta på sig. Vinnie blev gravid. Ur denna "stora" kärlek föddes lilla Elisabeth. Hon kom till världen bara några veckor före julafton 1971. Tyvärr, den stora kärleken, som skulle bli mannen i Vinnis liv och pappan till Elisabeth var kort tid efter dopet bortkommen. Han syntes inte och inte visade sig längre. Efter att hans tillfälliga anställning på Uddevallavarvet avslutades reste han tillbaka till England. Det visade sig att han hade en familj med fru och barn i England. Vinni blev för honom kanske bara en tillfällig förströelse under vistelsen i Sverige. Däremot, för Vinni förblev han den stora kärleken hon längtade efter och kunde aldrig glömma. Det var hårda bud. Elisabeth träffade sin pappa först senare efter att hon lärde sig engelska i skolan och deras kontakt fortsatte fram till pappans död.

Under graviditeten med Elisabeth sökte Vinni efter bostad som skulle vara närmare arbetsplatsen och lyckades få en lägenhet på Nordensväg i området kallad "Korven" mittemot själva salongen. Det var toppen eftersom Vinni nu hade två döttrar att ta hand om alldeles själv. Tid för lek med sina två rara flickor, gå till parken som andra mammor gjorde, visa sin kärlek med kyssar och kramar, fick Vinni dela med arbetet på salongen. Hon fick se till att ha en stadig ekonomi. En stenkast till salongen, arbetsplatsen hade hon. Det var positivt.

Susanna som liten

"Ofta glömmer vi på gåvan att kunna öppna ögonen och kliva upp varje morgon, det första vi borde vara tacksamma för" Okänd.

De första fyra åren var det gudmodern Barbro, även om mamma Vinni spelade alltid första fiolen, som var känslomässigt närmast Susanna. Hon var både dagmamma och gudmor och ställde alltid upp när det behövdes. Denna relation minskade dock inte Vinnis ställning gentemot sin dotter Susanna.

*

Jag kan föreställa mig denna lilla tös som satt i lekgrinden med sina leksaker och lyssnade. Lekte hon? Var hon intresserad av leksaker eller blev hon mer intresserad av tanternas prat med hennes mor och den andra frisören? Vilka leksaker hade hon? Kunde det vara små dockor, bilderböcker att bläddra i och fantisera, små djurfigurer, eller? Hon verkade vara en iakttagande lilla tös och förmodligen också lite rädd.

Susanna, den lilla flickan med sin iakttagelseförmåga samlade förmodligen allt i sin lilla hjärna för att senare i livet bläddra och sortera dessa tidigt ansamlade kunskaper i respektive fack. Jo, Susanna till synes tystlåten skulle så småningom komma att ha mycket nytta av allt det som hände omkring. Senare i livet visade hon själv prov på det.

Psykolog Anders Hansen säger att den senaste forskningen visar att människans personlighet består av femtio procent från genetiska arvsanlag och femtio procent av uppväxtmiljö, som nära omgivning, skola, lekkamrater och bara en liten del av föräldrarnas påverkan. Från föräldrarna får vi våra gener.

Det visar sig stämma ganska väl på Susanna vad som formade henne. Med högt sannolikhet var det både arv och miljö. Arvet som är genetisk betingande och miljön Susanna växte i formade henne som människa. Människa med stort "M" och med ett stort hjärta, med förmåga att lyssna, ta till sig andras bekymmer och problem. Hjälpa till när det behövdes. Den exakta uppdelningen av dessa faktorer, det genetiska arvet och den miljön hon fostrades i, blir svårt att fastställa. Ändå får man säga att miljön i salongen under hennes första levnadsår med många människor omkring henne spelade en betydande roll.

Susanna drog in och absorberade i hennes lilla hjärna allt vad hände omkring antigen hon ville det eller inte. Hur som helst, denna tid banade väg för Susannas personliga utveckling som hennes stor människokännedom, empati, hjälp till andra, tolkningar av olika händelser. Redan då stakades också väg till hennes ledarskap, med raka linjer som att stå fast vid vad man tror på, tala sanning och uppskatta varje dag som livet ger.

Oavsett hur det var, växte och utvecklades lilla Susanna, pratade mer och mer och blev till glädje inte bara för sin mor men även människor som besökte salongen.

*

Med all sannolikhet blev Susannas uppväxt på salongen avgörande för ett viktigt beslut. Mycket tidig bestämde hon sig *"aldrig vill jag vara frisör"*, Susannas ord.

Man behöver inte fundera särskilt länge på vad hennes resoluta beslut grundade sig på. Från spädbarnsålder var hon omgiven av två "frisörsmammor", Vinni och Barbro. Salongen fylldes dagligen av många tanter, kunder som ville att deras hår blir välkammat och friserad. Susanna var tyst och inte ett gråtfärdigt barn. Utan att hennes "mammor" tänkte på det var hon dagarna till ända omgiven av dofter, sprayer, färger. Dessutom alla samtal, olika röster, olika teman, både beklagande och glädjeyttrande allt beroende på inlevelse, kundens välmående i stunden eller angelägenhet att prata ut, bara beklaga sig eller kanske dela med sig av sin glädje. Kan hända att hon fick höra diskussioner som rörde politik, böcker, vem som fick Nobelpriset i litteratur, relationer till andra länder, inte minst ungdomsrörelsen med växande omsorg om klimat och natur. Så växte och utvecklades Susanna, där och då lades grunden till hennes beslut att inte bli frisör. Den andra platsen Susanna vistades periodvis var på dagis Lancaaster.

Susanna under skoltiden och som tonåring

Åren gick, Susanna började skolan som kanske blev ett slags befrielse att inte vara på salongen dagarna till ända och leka med dockorna. Hennes första skola var Sommarhemskolan.

Från början lämnade mamma henne på skolan. Det fanns andra barn att leka med, böcker att bläddra i och fröknar som man lyssnade på. Det var både trevligt och upplyftande för Susanna. Hon klättrade från en klass till en annan, fick nya kompisar, böcker att läsa och lära sig från. Fröknarna som kunde berätta om spännande ämnen vilka ibland fångade Susanna. Med de nya kompisarna lekte hon inte bara i skolan utan även på fritiden, istället för att komma hem och hjälpa mamma med lillasyster Elisabeth och andra sysslor i hemmet. Skolböcker och skoluppgifter hamnade på efterkälken. Trotsighet, envishet, egensinnighet och omedgörlighet leder till en kamp mellan mor och dotter. Det blir roligare ute och att gå på besök till gudmodern Barbro. Där fanns också barn som hon kunde leka med och hjälpa till. Dessutom kunde hon beklaga sig över sin mor om hennes ständiga krav att hjälpa till hemma. Bandet mellan Barbro och Susanna stärktes ytterligare som mor och dotter. Barbro influerade henne mest i mänskliga värderingar, hjälpte Susanna på traven att tänka rätt. Istället för att vara olydig och uppkäftig gentemot mamma Vinni pratade hon med Susanna om ord som empati, kärlek och även plikt. Emellertid, mamma Vinni var alltid med på noterna och samarbetade med Barbro.

När jag frågar Barbro om hon minns något alldeles speciellt från Susannas unga år då berättar hon:

- Susanna var ett mycket känsligt barn, jag skulle säga att hon var ömtålig och rädd. Rädd att göra fel, rädd att andra skulle bli arga på henne. Hon tog aldrig för sig, bättre iaktta än att rusa framåt.

Efter en kort stund fortsätter Barbro:

- Jag skulle gifta mig och Susanna skulle vara min lilla brudnäbb, hon var då sex år gammal. Dagen före vårt bröllop tappade hon en framtand. Jag sydde en vacker klänning åt henne och mamma Vinni kammade hennes korta hår och i håret placerade hon många stjärnor som glittrade när Susanna vände på huvudet alltså när hon nickade eller böjde huvudet åt olika håll. Likadana stjärnor fick hon ha utspridda även på klänningen. Det finns en bild på henne i denna klänning, säger Barbro. Hon påminde om en liten ängel och hon var så söt. Och jag minns att denna lilla flicka var så rädd om sin klänning, hon var så rädd att de inklistrade stjärnorna skulle falla ner både från klänningen och frisyren. Men varför? Hon inbillade sig att mamma ville ha tillbaka stjärnorna, därför hon skulle vara rädd om dem. Susanna hade redan som liten en stor respekt för sin mor Vinni.

Ett annat roligt minne då Susanna var vuxen och också hon mamma berättar Barbro så här:

- Den ängsliga lilla flickan växte upp, utvecklades och var inte rädd att ta plats när hon kom in i rummet. Då tog hon plats. Alltid på det positiva sättet. Ibland hände det att hon blev lite för ivrig med många järn i elden. En dag skulle vi köra till Borås för att skaffa tyg till hennes soffa som skulle få en ny och fräsch klädsel. Sagt och gjort och vi körde. Det var Susanna som satt bakom ratten. Mycket prat i bilen, vi körde och drygt en timme senare blev det Lidköping vid Vänern som välkomnade oss att handla vackra tyger. Vi handlade inga tyger, dock mycket annat. Så kunde det gå när Susanna var i farten. Jag tror, säger Barbro att maken Joakim var hennes vägvisare och höll ordning på många föremål, ärenden, tiden och mycket annat.

Var Susanna rädd för mamma? Nej, det skulle man inte kunna tro. Vinni älskade Susanna som var hennes förstfödda och Vinni älskade Elisabeth. Det var ingen tvekan om det. Vinni kunde visa sin kärlek för båda men hon kunde ibland vara mer bestämd och allvarsam. Ingenting att vara förvånad över. Hennes livssituation var inte det lättaste. Vinnis mål just då var att hennes två flickor skulle vara väluppfostrade. För henne spelade det ingen roll att hon var ensamstående mamma. Flickorna skulle få all kärlek och omtanke av sin mor. Vinnis godhjärtade sida fanns där under deras uppväxttid och den exploderade när Susanna fick egna barn. Då kunde Vinni slappna av och båda flickorna som nu hade blivit vuxna var tillmötesgående och hjälpsamma.

*

När flickorna var i sex och två års ålder träffade Vinni Stig, mannen som hon gifte sig med. *"Äntligen"* trodde Vinni och lät fantasin flöda: *"Nu äntligen kommer jag till ro med en man och tre döttrar istället två. Stig och jag kommer att åldras tillsammans."* Inte heller denna Vinnis dröm uppfylldes. Äktenskapet varade ett decennium.

Stig hade en dotter. De flyttade till en större lägenhet, en femrummare som de hyrde av Uddevallahem och som låg ovanför salongen. Det gick lätt att flytta från lilla lägenhet på Anders Knapes väg. Flytten skedde just då när Susanna konfirmerades. Vad Susanna tyckte om Gud och hur hon ställde sig till den kristna tron, får det mig att grunna på. Susanna bar inom sig på sin egen tro som det visat sig senare i livet.

Flickorna trivdes i varandras sällskap. Värre var det med relationen mellan Vinnis döttrar och Stig som var en ordningsmänniska och ställde krav. *"Inte till oss"*, tänkte Susanna och Elisabeth, framförallt inte till Susanna, den lilla rebell som hon var på den tiden. Slitningar som ibland övergick till bråk och som resulterade i klagomål både på mor och Stig hos gudmor Barbro. Inget att göra bara ta emot, ställa upp för Susanna, bli ett bollplank, resonerade Barbro med sig själv. För Barbro med egen familj gällde att hålla balansen och inte överskrida sina befogenheter, att inte ta i för mycket och inte yttra negativa ord om Vinni. Det vore fel, tänkte Barbro. För Susanna, däremot kändes det underbart att ha någon som hon hade det fulla förtroende, kunde lita på, beklaga sig och be om hjälp. Och när Vinni och Stig åkte på semester då bodde Susanna hos Barbro.

*

Båda systrarna gick nu i skolan och den lilla familjen klarade sig bra. Mamma Vinni arbetade, flickorna hjälpte ömsom till. Hur utvecklades Susanna som tonåring? Vilka böcker läste hon, läste hon böcker? Var hon duktig i skolan?

Ungefär i samma tid kom Susanna och Elisabeth i kontakt med en åtta år yngre tjej som hette Malin. Malin, sex år var barnbarn till Margit som Vinni och Stig kände till väl. Malin var mycket förtjust i Susanna och Elisabeth. De blev som hennes äldre systrar och enligt vad hon berättar utvecklade de en familjerelation. Susanna var ofta barnvakt likaså Elisabeth även senare när Malin flyttade med sina föräldrar till Munkedal. Vänskapen bestod och hållit genom åren även om kontakter inte var så täta. Senare när Malin blev äldre och hon skulle själv se sig om i världen var det Susanna som hjälpte henne att hitta en aupair plats i samma område där Susanna var tidigare. Malin avslutar:

- Under årens lopp blev Susanna för mig den bästa samtalspartnern oavsett vilken fråga det gällde. Här tackar Malin för vänskapen:

Älskade Sanna

Nu har himlen verkligen fått en riktig ängel. Jag har svårt att ta det till mig trots att jag visste att tiden var nära och att du var redo. Livet är så grymt orättvist och tufft ibland men någon måste ha haft en bättre plan för dig då du inte fick finnas kvar här hos oss.

Tack för alla fina stunder och minnen jag har fått med dig och hela din familj genom alla år. Ända sedan jag kom till världen har du funnits där på olika sätt och utan dig hade jag t. ex aldrig kommit till USA. Du och Elisabeth var som mina storasystrar när jag var liten. Är så oerhört tacksam och glad för fina hjärtan och stund jag hann få med dig innan jul. Mycket härligt prat om livet, glädje och sorg. I allt ditt eget mående var du ändå otroligt mån om mig, min familj och framtid. Det var ***Du*** *i ett nötskal. Det finns få människor jag har mött genom mitt liv med större positivitet, kärlek, omtänksamhet och jävlar anamma som du. Du är och kommer att vara saknad av så många människor. Vila i frid fina, härliga, underbara Susanna Ahl. Nu slipper du all smärta och oro.*

Många kramar till hela din familj och älskade vove från mig och Memphis.

Treklöver under skoltiden

"Det krävs både mod och styrka att gå sin egen väg. Den som följer massan tappar lätt bort både sig själv och sina drömmar" August Strindberg.

Under skoltiden och i övre tonåren skaffade sig Susanna många vänner. Det var i högstadiet då sex nya skolungdomar från Bokenäs kom till Sommarhemskolan. Mycket blyga var de. En av flickorna satte sig på bänken intill Susanna. Det visade sig vara en fullträff. Monica som hon hette samt Carina och Susanna blev en sammansvetsad treklöver. Alltid tillsammans både i allvar och i busliv. Monica från Bokenäs övernattade oftast hos Susanna och så lärde hon känna mamma Vinni och Stig. Monica berättar:

- Det var inte alltid lätt hemma hos Susannas mor. Vinni verkade att vara bestämd och fordrande. Detta, som tur var enbart på ytan, upptäckte jag ganska så snart. Vinni älskade Susanna och Elisabeth. I själva verket var Vinni en mjuk och älskvärd person, en omtänksam mamma men hon hade svårt att visa det. Vinni kunde inte glömma sitt eget öde att vara ensam mamma med dålig ekonomi, med två döttrar som behövde henne men också den fadershand som saknades. Ensamheten var källan till hennes stränghet. Stig som också ställde krav på Susanna skapade motsättningar som övergick nästan till hatiska aversioner. Susanna blev en trotsig rebell och hon kallade Stig för "gubbe". Vår vänskap slutade inte med grundskolan, fortsätter Monica. Vi var inte de bästa eleverna i skolan. Vår vänskap fortsatt dock långt efter att våra vägar skildes. Jag och Carina fortsatte i gymnasiet innan vi skaffade oss ett yrke. Susanna började i yrkeslivet direkt.

*

Susanna avlutade grundskolan 1984, betygen var inte de bästa. Inga förutsättningar fanns för henne att fortsätta på gymnasiet och hon ville det inte heller. Mammas salong blev hennes första arbetsplats och lärlingstid med "allt i allo". Viktigt att belysa mer om mor och dotter förhållande. De hade inte enbart osämja mellan sig, många goda samtal hade de haft, mor och dotter. Susanna hade kapacitet till att utvecklas till en bra frisör, småningom till företagare. Hon ville lära sig mer, träffa nya människor, skapa sig en grund att stå på. Det ville hon. Det var hon fast besluten om. Å andra sidan, hon ville också bli *"Fri som en fågel"*. Orden kommer från en sång av Georg Riedel, (1934 – 2024). Men då ingrep mor Vinni och bestämde att skicka Susanna till Köpenhamn, till sin bror. Susanna bodde och arbetade på salonger och fick de bästa grunderna att bli en bra yrkeskvinna. Där lades grunden till hennes yrke trots att hon aldrig ville bli frisör. *"Säg aldrig aldrig"* som ett talesätt säger, fick hon lära sig. Vistelsen i Köpenhamn blev nyttig för Susanna. Språket, nya människor, ny atmosfär, stor stad och naturligtvis släktingar på mammas sida. Framförallt, att ta ansvar för sig själv! Det älskade hon och var stolt över sig själv.

Efter ett år i Köpenhamn kom Susanna tillbaka. Flera arbetsplatser fick Susanna prova på. Vinnies salong blev den första, sedan en salong i Munkedal och igen tillbaka hos sin mor och slutligen Centrumfrisören i Uddevalla. Här trivdes Susanna bland sjutton andra unga anställda. Arbetsstyrkan ökade till trettio som max. Hon mindes en teamanda, små jox och möjligheter att utvecklas och förkovra sig i frisöryrket. Efter några år såldes salongen, en ny ägare kom och det blev slut med det roliga på Kungsgatan i Uddevalla. Men, nya upplevelser och bedrifter tog an. Många strängar hade Susanna på sin lyra. Vänner och ungdomen, lekar, dans, utflykter. Killar ville sällskapa med Susanna som växte upp till en stilig flicka, klädd efter det senaste modet, vacker frisyr med ständigt nya hårkreationer. Vad killarna beträffar träffade hon Joakim, och Joakim, Hans och Gustav. Susanna ville dock gå vidare, uppleva mer...men hur? En idé dök upp. Tågluffning.

Idén blev verklighet. För att utvecklas, samla kunskaper och lära känna världen tog Susanna och hennes vän Anna-Karin sabbatsår och tågluffade i Portugal. Lilla syster Elisabeth var också med. Det tog kanske två till tre veckor av deras nyvunna frihet när telefonen ringde. Vem kunde det vara? Naturligtvis, det var mor Vinni som läste en annons i Bohusläningen om aupair arbete och slog direkt, ringde till Susanna:

- Jag har hittat ett aupair arbete för dig hos en trevlig familj i Chicago, lät det i telefonen.

Drömmen om sabbatsår och tågluffande tog abrupt slut. Alla tre flickor återvände till Sverige redan efter fyra veckor. Susanna fick brottom med att ordna allt inför resan "over there".

Detta blev andra gången som mor Vinni mjukt styrde Susannas liv, som Susanna själv berättade om i sitt sommarprat. Ville hon själv ha det så? Ja, det ville hon, nog. Respekten för modern var stor, även rädslan. Hon ville inte bli olydig nu. Å andra sidan, hon godtog mammas förslag med en viss glädje. Hon skulle inte förlora sin frihet, istället skulle Susanna ta vara på sig själv. Nya kunskaper, nya människor, växa upp och utvecklas till en bra människa. Det var Susannas mål.

Mor Vinni hade stark inflytande på Susanna under tonåren. Inte av att vara negativ och ond. Tvärtom. Det var av hennes stora kärlek till detta flickebarn som Vinni ställde upp till hundra procent. Hon ville att hennes första barn, hennes kärleksbarn skulle få allt det hon själv inte fick när hon växte upp. Vinni ville helt enkelt förbereda Susanna på det liv som väntade. Hennes dotter skulle inte göra samma misstag som hon gjorde som ung. Det var Vinnis stora omsorg om Susanna och om Elisabeth med för den delen. Det var sättet hon uttryckte sin kärlek till Susanna och Elisabeth.

*

Livet i Amerika, och arbete som aupair i en familj gav henne nya vänner, gav henne en familj som hon höll kontakt med under resten av livet. Två år senare flög hon till Chicago igen med en väninna och sedan med sin pojkvän Joakim, som senare blev hennes make. Tydligen blev både hon och andra med henne förälskade i denna stora världsdel i allmänhet och Chicago i synnerhet.

Under året som aupair lärde sig Susanna att ta hand om små barn, ett nyfött barn precis som Barbro, hennes gudmor tog hand om henne. Den som vill kan se en stafettpinne där den ena utövaren av uppgiften överlämnar sin uppgift till nästa och nästa… Du som läser denna bok kommer se mer av detta fenomen.

Efter ett år i Chicago, alltså 1991 återvände Susanna tillbaka till Sverige och Uddevalla. Fullärd? Erfaren? Fullspäckad med nya drömmar som med hennes kreativitet skulle gå att förverkliga? Drömmar kan bli verklighet, det var Susanna övertygad om, hon var beredd att ta nya tag i livet. Till att börja med fick Susanna arbete på en frisörsalong i Trollhättan och stannade där ett helt år. Relativt snart återknöt hon kontakten med gamla vänner och mötte också nya vänner. En glad period i hennes liv började med krogbesök, umgänge i vännernas hem, små kärlekshistorier. Det var lätt att förälska sig, livet stod öppen för henne såsom för alla ungdomar i hennes ålder. Det var bara att ta till sig och njuta av det goda fast under ansvar. Till de nygamla vännerna hörde även Joakim senare kallad Jocke. Hennes stora frustration var att hon under samma period förälskade sig i två killar med samma namn. Emellanåt förväxlade hon pojkarna och det hände att den ena Jocke blev den andra Jocke. Susanna hade svårt att bestämma vilken av dessa två Jocke som var henne mest kär. Den lockiga Joakim var attraktiv, fick hon erkänna för sig själv. Hon tog sitt förnuft till fånga. Joakim med vackert, långt, ljust och krulligt hår vann hennes inre strid. Föreställning att hon själv skulle kunna klippa och forma detta vackra hår avgjorde hennes val. Den krulliga Jocke blev vinnare. Tiden visade att hon valde rätt.

Var det hennes inre röst som ledde henne till detta beslut? Det visste bara hon.

...och störst av allt är kärleken...

Susanna och Joakim började umgås, de träffades allt oftare och på största allvar. Den djupa kärleken sipprade fram. Detta var i början av nittiotalet. Susanna var tjugotvå och Jocke tjugofyra år. Susanna bytte arbetet i Trollhättan mot arbete i Uddevalla, hon kom tillbaka till salongen på Nordens väg, hennes mors frisersalong. Nu blev det två bestämda damer, mor och dotter som bildade ett team. Tillsammans fick de kreera, skapa nya frisyrer och utvecklas. Lärandet blev ömsesidigt, mamma med mångåriga erfarenheter lärde dottern. Dottern som var en frisk fläkt med många nya idéer, lärde också sin mamma. Den under stundom trasiga relation, främst under skoltiden mellan mor och dotter blev som bortblåst och övergick stegvis till en ömsesidig beundran och respekt för varandra.

- "Allting ordnar sig, det blir som det ska bli och det blir bra", var ett av Susannas tänkvärda yttrande.

Med sin mor diskuterade Susanna händelser under arbetets tid men hon missade inte att också kontakta gudmor Barbro för att diskutera och fråga henne om råd. Barbro som var den förtrogna tog emot både beklagande och glädje som Susanna delgav henne. Barbro var alltid inkluderad i familjerådgivning, kan man lugnt säga.

*

Det unga paret Joakim och Susanna fick en period karakteristisk för alla unga. De fick tid för umgänge med vänner, många resor och tid för att lära känna varandra. Kort sagt en lycklig period i bådas liv.

Joakim började studera på Högskolan i Karlstad, tvåårig studietid följde. Turligt nog, innan flytten till skolan i Karlstad 1991 fick han en bostad. Joakim och Susanna flyttade ihop. Det var starten till deras gemensamma liv. För Joakim innebar det nya livet studieveckor i Karlstad och veckosluten i Uddevalla med Susanna. Joakim minns en historia från allra första tiden med umgänge med Susanna som han gärna berättar och den handlar om hans första möte med hans blivande svärmor:

- Jag kom på besök och knackade på. Dörren öppnades och jag ställde frågan om lov att träffa Susanna. "Hur stor årsinkomst har du?" Kommer en fråga som en åskknall från en klar himmel. Ungefär femhundra tusen om året. "Okej, stig in." Vinni öppnade. Angående årslönen var det en sanning med modifikation, likaså Vinnis fråga var nog mer sagt på skoj än på allvar, avslutar Jocke sin berättelse.

Oavsett årsinkomst var Joakim en ordentlig och väluppfostrad ung man och Vinni fick tycke om honom. Företaget Parker där Joakim var anställd då, bestod av grupper med sakkunniga inom flera olika branscher. För sina studier fick han två års ledighet av arbetsgivaren. Han arbetar på samma företag än i dag.

Våren 1995 upptäcker Susanna att hon är gravid. Glädje uppstod hos det unga paret och den tjugofemte maj detta år förlovade de sig. Redan innan denna upptäckt planerade de att bara de två tillsammans skulle besöka Susannas amerikanska familj. Men graviditeten satte käppar i hjulet och deras resplaner fick justeras. Beslutet att resa, dock med en viss modifiering stod kvar. Det blev ett års förskjutning. Det dagliga livet fortsatt med umgänge, arbete och skapande av deras hem där även planering för förestående resa ingick. Hennes graviditet blev inget hinder. I oktober samma år föddes Gabriel.

...vi gifter oss, året är 1996

Allt hölls hemligt. Alla år brukar vara händelserika men en del år blir mer händelserika än andra. I synnerhet de åren där Susanna "spelar förstafiol."

*

Utöver att dessa två unga människor gifter sig utmärker sig detta år med flertal andra viktiga händelser i Sverige. Exempel på dessa är att Internet slog igenom och nödnummer 90 000 ersattes av 112. I Storbritannien härjade galna kosjukan. Det förorsakade stopp för importerat nötkött, vilket påverkade det svenska produktionen av nötkött positivt. Två stora län – Kristianstads och Malmöhus - bildade ett ännu större - Skåne län. Vikingastaden Birka invigdes detta år. Likaså invigdes Sveriges längsta motorväg från Malmö till Uddevalla av kung Carl XVI Gustav. Göran Kropp blev den förste svensk som besteg Mount Everest utan syrgas.
Med facit i hand och med tanke på dagens världssituation skulle försvarets kraftiga bantning det året bedömmas allt annant än positivt idag.
För Joakim och Susanna bjöd detta år på stora och viktiga händelser - resan till Amerika och giftermålet.

*

Under tiden fram till avresan hade paret mycket att göra med förberedelse fast allt hade hållits hemligt. Det var bara deras angelägenhet, ingen annans. Gabriel hade hunnit bli åtta månader gammal när de gav sig iväg med destination Amerika. Det var inte första gången de reste till Amerika. Susanna var där med sin bästa vän och även tillsammans med Joakim senast 1994. Paret stannade då en månad för att se och lära känna landet. För den sakens skull köpte paret månadsbiljett att flyga kors och tvärs genom landet.

Den här gången hade resan en annorlunda och ett viktigare mål. Kvar hemma lämnade de släkt, vänner och föräldrar utan att berätta om resans detaljer. I resans planering ingick nämligen också beslut att gifta sig. Joakim och Susanna kontaktade i god tid innan avresan Svenska kyrkan i New York och bad om vigselförrättning. Med på resan var också Louise, sexton år. Louise var dotter till Barbro. Louise, som alla andra var helt ovetande om parets planer i New York.

Efter en lång flygresa äntligen i New York på flygplatsen Newark. Lille Gabriel fick diarré och tack vare hans dåliga mage fick sällskapet på fyra personer komma snabb genom alla kontroller med pass, m.m. Rummet på hotellet var enkelt, de skulle stanna i New York bara två dagar och sedan fortsätta till Chicago och besöka Susannas aupair familj. Louise fick bo i samma rum, hon var bara sexton år och fick inte bo ensam enligt amerikansk lag. Dagen efter behövde de hitta Svenska kyrkan. Taxi körde och letade, körde och letade men kunde inte hitta kyrkan. Louise blev ganska trött på letandet till ingen nytta och sade:

- Kan vi inte strunta i Svenska kyrkan? Då skrek Susanna:
- Nej, det kan vi inte, vi ska gifta oss där imorgon och du ska vara vårt vittne.

Nu blev det Louises tur att reagera.

- Jag har ju ingen klänning.

Taxichauffören fortsatte att leta efter Svenska kyrkan som till slut hittades till allas glädje. Äntligen, blev ordet! Dagen efter marscherade sällskapet om tre personer med lille Gabriel in i Svenska kyrkans lokaler, välkomnandes och bjöds på kaffe och småprat. Efter det följde giftemålsförrättning med Louise som vittne. Hon höll lille Gabriel i famnen som var tyst och njöt, kanske, av ceremonins allvar som förrättades av Svenska kyrkans präst. Efter vigselceremonin blev det svensk kaffe med svenska kanelbullar.

Det måste vara en underbar upplevelse, fem personer inklusive prästen med resultat: ett äkta par.

Det blev ett kort och enkel bröllopsakt men desto mer uppskattad av dem och av Susanna, kan jag tänka mig. På vigselaktens dokument stod att paret och deras barn ska ha ett gemensamt efternamn Ahl, att paret delar på allt. Respekt, aktning och kärlek som **är** störst. Det blev för Susanna och Jocke en ledtråd i deras fortsatta gemensamma liv.

Hemma i Sverige gick livet sin lilla gång utan att någon hade den minsta aning om vad som pågick på den hemliga resan det unga paret företog sig. Dagen efter bröllopet läste man som vanligt tidningen Bohusläningen där någon av föräldrarna läste: *"Vi gifte oss idag den ..."*. Nyheten spred sig till vänner och bekanta. Känslorna blev minst sagt upprörda, först. När den första känslan av att bli lurad och helt ovetande om dotterns och sonens beslut att vandra tillsammans genom livet, växte en ofattbar glädjeyra fram steg för steg. Det fanns inga gränser för glädjen hos Vinni, hennes andra mamma Barbro och hos brudgummens föräldrar. Det tog inte lång tid förrän sura miner byttes till glädjetårar.

Dagen efter fortsatte sällskapet till Chicago och Susannas aupair-familj med överraskningen om att "vi är nu gifta". De fick trevligt bemötande med en liten fest. Några dagar senare fick de fortsätta resan på egen hand.

*

Det händer att det svänger ordentlig på livets vägar. Denna gång handlade det om lyckovägar. Förälskat par som tar steget ut att leva ett gemensamt liv, lovat älska varandra i nöd och lust. Att helt enkelt ta livet på största allvar och ta dagen som den kommer med stora och små bekymmer samt att dela små och stora glädjeämnen. Det måste vara den lyckligaste resan i deras liv och lyckan bara fortsatte.

Jag kan tänka också på en annan sorts lycka som Susanna upplevde. Susanna ville utan tvivel skaffa en trygghet och skydd för deras barn. Susanna själv hade aldrig träffat sin pappa Gunnar och aldrig upplevt ett tryggt familjehem med far och mor. Hennes stora dröm gick i uppfyllelse, det gladde hon sig över. Susanna fick en man som hon älskade och lovat att älska tills livet tar slut. De skulle få flera gemensamma barn och ett framgångsrikt familjeliv. Susanna skulle åldras med sin make samt glädjas åt barnbarnen på ålderns höst.

Det var annorlunda jämfört med hennes egen uppväxt. Nu var hon lycklig och nöjd med livet. Det var inte den äkta kristna tron som ledde Susanna. Däremot trodde hon på livet och på något/någon som är starkare och större än människan, någon som styr våra vägar och som leder oss rätt. Vi kan kalla det för den Gud som Dag Hammarskjöld sade i sitt invigningstal av meditations rum i FN-skrapan om den sex och halv ton tunga stenen från Grängesberg:

"...stenen i rummets mitt har mer att berätta. Vi bör se den som ett altare som är tomt, inte därför att det inte finns någon Gud eller att det är altare till en okänd Gud, utan därför att det är en hyllning till den Gud som många dyrkar under många olika namn och i många olika former."

*

Louise minns och berättar om resan till New York:

- Vistelsen i New York, flygresa dit och tillbaka till Sverige med lille Gabriel, vara vittne på den mest viktigaste händelsen i en människans liv var således intressant för mig. Jag var bara sexton år och troligen fattade inte allt på rätt sätt. Det kom jag göra flera år efter när jag blev mer vuxen, blev förälskad och fick egna barn. Då upplevde jag det som stort, att jag varit med om Susannas och

Joakims giftermål, bevittnat det och fått glädja mig tillsammans med dem. Den förmånen fick jag vara med om. Varför jag? Jag ställde mig den frågan många gånger. Det fanns flera personer, nära vänner, syster som skulle kunnat vara med. Nej Susanna valde mig. Det är jag evigt tacksam för att hon gjorde. Jag förstår händelsernas betydelse och mening mycket mer nu än då. Och dessutom, vi fick en ny start på vänskap, samtal och utbyte av erfarenheter.

Så småningom blev Susanna gudmor till en av Louises döttrar, Filippa. Stafettpinnen eller som jag skulle kalla det budkavlen fortsätter rulla vidare. I mitt möte med Louise kunde jag skönja en del likheter som påminde om Susanna, hennes sätt att tala, liknande uttryck, hjärtlighet och empati för andra. Går det i cirklar, kom som en tanke i mitt huvud?

Susanna och Louise red då och då. Vid ett tillfälle räddar Susanna Louise ifrån att slå sitt huvud när de båda faller av hästen. Susanna bryter armen och besväret återkommer med jämna mellanrum. Som år 2018 då Susanna skyllde sitt illamående på bland annat denna arm.

Susanna och Joakim som äkta par

Jocke berättar:

- Susanna och jag var olika personligheter men vi kompletterade varandra väldigt bra. Jag kom från en ordnad familj, jag menar familj med mor och far och en bror. Min mor Weevi föddes i Estland samma år som Vinni, 1943. Alltså var hon också ett krigsbarn. Till Sverige kom hon 1944 och var då drygt ett år gammal. Pappa var bohusläning, han arbetade som montör och reste ofta inom landet. Pappa tog väl hand om familjen, mamma arbetade hon också. Periodvis var mamma hemmafru delvis för att min bror Magnus var sjuk och hon ville vara nära honom. Pappa fick under de sista levnadsåren Parkinsons sjukdom och han dog 2019.
- Vårt gemensamma liv blev i mångt och mycket likt andra unga människor som bildade familj. Men visst har varje familj sina egenheter och behov, skillnaderna fanns hos oss med. Innan båda pojkarna föddes bytte vi lägenheten två gånger. Susanna var och ville alltid vara i rörelse, alltid nya idéer som skulle förvekligas. Från allra första början var det vårt gemensamma hem som hon implementerade sina idéer i. Ganska snart efter Elias födsel bestämde vi att köpa hus. Men var? Det blev en period av sökande, samråd med övriga släkten. Slutligen hittade vi ett hus ganska stort med trädgård på en fin plats tyckte vi, nära till Susannas arbete, nära till skolan för våra pojkar och nära till naturen, skogen. Inte långt till havet heller. Huset uppfyllde våra önskemål. En ny period började. Renovera, ta hand om trädgård och odla egna grönsaker. Jag får säga att det var Susanna som styrde mest. Jag blev den stöttande och den som realiserade hennes idéer. Jo visst, vi hade många diskussioner vems förslag var bäst, Susanna vann nästan alltid. Hon kunde argumentera för sin sak. Det var troligen en lärdom från hennes uppväxt, tänkte

jag. Vi delade på arbetet i hemmet allt från städning, matlagning, inköp, och att ta hand om barnen, allt.

- Samtidigt hade vi var sitt arbete, jag i Trollhättan på Parker som dataingenjör och Susanna som frisör på Nordens väg i Vinnis salong. Vi hyste respekt, och acceptans för varandra. Jag stöttade Susanna i allt vad hon företog sig att göra – utbildning, kurser, frisörsvisningar, friluftsaktiviteter. Engagemanget i hennes arbete intensifierades efter att Vinni gick bort och Susanna övertog mamma Vinnis salong och startade som egen företagare. Ensam från början och senare med medarbetare Eja. För mig dök det upp nya uppgifter i företaget, hjälpa till med datorer, inredning, reparationer. Kanske blev jag"allt i allo".
- Vi älskade våra barn och den lediga tid vi hade ägnade vi åt våra pojkar. Maria, en god vän till Susanna födde upp och utbildade ledarhundar. Under veckosluten fick vi hyra en av hundarna för att våra pojkar skulle få vara närmare djur, lära sig hantera djur, hundar i vårt fall. Vår lilla familj fick någon att ta hand om och ta hänsyn till, det blev en hund, lika viktig som att ta hänsyn till varandra.

Under årens lopp blev det flera hundar i familjen och den sista kom 2009. Den hette Dante och blev hennes älskling och sällskap ute i naturen.

- Vi levde i kretsen av vår familj och släkt och i kretsen av våra vänner. Medan pojkarna var små fick vi en del hjälp från mamma Vinni och från mina föräldrar. Alla stora helger var viktiga för Susanna, dem skulle vi firas tillsammans. Det var något särskilt med Susanna, berättar Jocke. Susanna njöt av varje ny dag, hon visade tacksamhet över vad hon fick i det dagliga livet. För henne blev varje dag en gåva och hon kunde vända misslyckande till en positiv upplevelse.

Sönerna Gabriel och Elias

Två välartade unga män, Susanna och Joakims båda barn. Så upplevde jag dem när vi tre samtalade med varandra. Nu är de tjugonio respektive tjugosju år gamla. Jag var osäker inför samtalet och lite rädd ifall jag sårar dem med mina frågor. Det gick bra och vi fick en trevlig pratstund om deras mor Susanna.

Hur var hon, ställde jag min fråga som de turades om att svara på:

- Mamma var en stor personlighet, hon var ärlig, transparent, hon ville inte att man talar osanning, hon var rättvis, ville alla väl, hjälpsam och omtänksam. Vår far beundrade henne och vi beundrade henne. **Mamma var stor**!

Och de fortsatte fast jag avbröt ideligen med mina frågor och ibland med komplettering om erfarenheter ur mitt liv och hur jag kände deras mor Susanna. Gabriel och Elias fortsatt växelvis.

- Vi växte upp och var mycket tillsammans, mamma arbetade hela dagarna. Ändå hade vi tid för varandra. Det kan bero på att hela vår familj med den närmaste släkten bodde nära varandra. Vi, mamma, pappa och vi två hade en lägenhet på Anders Knapes väg. Till arbetsplatsen där mormor Vinni och mamma arbetade var en stenkast. På samma gata bodde också Elisabeth med sin make och deras tre söner, våra kusiner. Farföräldrarna bodde också i närheten. Detta gjorde att vi var en stor familj som kunde göra och uppleva mycket tillsammans. Till nuvarande hus på Kapellevägen flyttade vi 2002. Vi fick mer frihet, kunde vara ute mer i vår stora trädgård. Trädgården fodrade av oss mer trädgårdsarbete, vi fick hjälpa till mer i hemmet. Plikten framför allt, fick vi lära oss. Vi gick i samma skola som mamma: Sommarhemsskolan. Vi båda avslutade gymnasiet och sedan valde vi var sitt yrke.

- År 2019 var det dags för oss att stå på egna ben. Det tror vi att mamma också önskade sig. Hon ville själv ta nästa fas i livet. Kanske ta det lite lugnare. Hon gav oss allt det hon själv inte fick när hon växte upp, främst i hennes tidiga år i livet. Hennes pojkar, hennes ögonstenar fick inte gå miste om den allra bästa uppväxten under barnaåren, skolåren och ungdomsåren. På den punkten var hon bestämd. Hon lyckades. De, mamma och pappa lyckades tillsammans.
- En annan stor förändring har smugits in sig i hennes och i våras liv. Under hösten 2018 började hon känna sig lite krasslig. Detta påskyndade hennes beslut att vi skulle flytta från huset och stå på egna ben.

Om mormor Vinni berättar pojkarna:

- Hos mormor Vinni var vi ofta och hon tyckte om oss. Just då hade hon tid för oss på annat sätt än när hon hade sina två döttrar. Hon älskade oss, vi var barn och hon behövde oss och vi behövde henne. När hon dog blev det ett stort tomrum efter henne, vi var bara sju och nio år gamla då. Som barn uppskattade vi hennes roliga lekar och lite tramsiga berättelser. Mormor Vinni lärde oss att älska Danmark, hennes hemland och vi besökte vår släkt i Århus ganska ofta. Vi hade alltid mycket skoj med släkten där.

Om farföräldrarna berättar pojkarna:

- Farföräldrar var och är till synes lugnare och mer allvarliga. Vi träffades ofta, detta tack vare mamma. Hon var mycket angelägen om att vi känner samhörighet som hon kallade det: ”Vi hör ihop. Kom ihåg det, mina pojkar.”

Var det mammas egna erfarenheter från hennes barndom, tror ni? Jag ställde den frågan, Gabriel och Elias funderade lite. Här följer pojkarnas berättelse omväxlande med information jag fick från farmor Weevi.

- Kanske. Farmor Weevi kom från Estland då drygt ett år gammal, med sina föräldrar. Weevi växte upp i Norrköping där hon träffade Göran som kom från Bohuslän och de gifte sig. Större delen av deras gemensamma femtiofemåriga liv framlevde de i Uddevalla. Paret fick två söner Joakim som blev vår pappa och Magnus. När vi föddes sydde farmor en dopklänning som Susanna valde bland flera andra vackra dopklänningar hon kunde välja mellan. Mamma tyckte att farmors dopklänning var den vackraste. Den finns fortfarande. Vid konfirmationen fick vi en ansenlig gåva som var avsett för resor så att vi kunde besöka andra länder och lära oss mer. Både farmor och farfar var mycket måna om oss och vi skulle ha det bra. Farfar älskade oss och tog hand om oss så fort han hade ledigt. Han var tekniskt lagd, hade motoröra som man sade då och vi mekade ofta tillsammans med honom. Farmor var mer pratsam, glad och social medan farfar var lugnare och mer tystlåten men vänlig. Farfar Göran dog år 2019 efter två och ett halvårs svåra besvär.

Farmor Weevi berättar mer:

- Vi, jag och min man Göran upplevde många, många fina stunder tillsammans med denna lilla familj – Susanna, Joakim och deras två pojkar. Susanna var en stor personlighet. Hon var lyhörd, empatisk och intresserad, mån om alla och hade en energi som aldrig sinade. Till det får man säga att hennes sociala kompetens var enorm och hon var alltid glad. Susanna älskade överraskningar både då hon själv blev överraskad och när hon överraskade andra. Hon älskade att vara uppfinningsrik, gömma presenter, komma med presenter och sedan finurligt avvakta den andres reaktion. Då myste hon enormt och sprudlade av glädje.

Weevi mindes en historia från ett påskfirande som handlade om harar och pojkar Gabriel och Elias, när de var små.

Pojkarna, Gabriel och Elias tar över:

- Till vår familj och släkt hör också Barbro och hennes familj, fast de bor utanför Uddevalla.
- Vår mamma var som kittet i familjen både i den lilla med oss fyra och i den stora med syster Elisabeth i spetsen och Barbro gudmor samt mor- och farföräldrar. Detta innebar för oss att alla helger både kristna och världsliga var vi oftast tillsammans och gjorde saker. Jularna turades vi om. Varje jul utsågs en familj att vara hos och de andra kom dit. Påsk, midsommar och alla semestrar likaså. Att hålla på traditioner var för mamma A och O Vi hade en underbar uppväxttid. Det vill vi tacka mamma för och pappa som hjälpte oss med allt vad han kunde och han uppfyllde alla hennes önskemål. De var ett fantastiskt par, våra underbara föräldrar.

Nu gällde min fråga deras namn.

- Varför valde mamma och pappa två bibliska namn, Gabriel och Elias åt er?

Pojkarna blev lite förvånade över frågan, jag ställde. De kan inte minnas att mamma och pappa pratade och valde namn av en särskild anledning.

- Det måste vara en slump. Föräldrarna tyckte om namnen. Det var bara så.

Kanske var det så, lite mer fick jag veta av deras far Joakim som förklarade att namnen var lätt att använda även i engelskt talande länder. Så klart, familjen reste mycket och USA var ett favorit land.

- Mamma var fart och fläkt, pappa däremot en lugn person och han var den som ansvarade för lugnet i hemmet. De var så olika och de kompletterade varandra och arbetade för varandra, stöttade varandra på ett så ypperligt sätt.
- Vår sista gemensamma resa till USA var 2018, när mamma fyllde 50 år. Alla var vi där. Vi och våra föräldrar samt Elisabeth med make och deras tre pojkar. Vi firade mamma i Florida sedan fortsatte vi till Chicago. En härlig tid att minnas mamma. Hela vår familj trivdes i Amerika och vistades gärna där en kortare eller en längre tid. Landet är enorm stort och där finns så många olika platser att besöka, utforska och lära sig om. För oss var det alltid spännande att resa och Amerika föredrog vi.

Vinni blir sjuk

Efter några år på den nya århundradet började mamma Vinni känna sig krasslig, fick stanna hemma och med tiden fick Susanna ta över mammas uppgifter mer och mer. Deras pojkar kom in i tonåren och Joakim och Susanna fick dela på uppgiften och vara tydliga med anspråk mot sina pojkar Gabriel och Elias. De var inga typiska curlingföräldrar.

Mamma Vinni genomgick ett antal undersökningar. Den slutliga diagnosen blev lungcancer. Kampen om att bli frisk och om att livet skulle återgå till det vardagliga började. Vinni stannade kvar på sjukhuset men fick inte direkt någon behandling. Det blev tuffa tider för henne och för dottrarna. Hennes hälsotillstånd försämrades dag efter dag.

Cancer är en tuff diagnos. Forskningen går framåt och med tiden överlever fler och fler denna svåra sjukdom. Ödesbestämt? Det kan ingen av oss veta. Vinnis kamp varade fram till sensommaren 2005, längre orkade hon inte, cancer tog slutligen hennes liv.

*

Mammas tidiga bortgång tog hårt på båda systrarna, Susanna och Elisabeth. Flickorna förlorade sin mor och Susanna förlorade även sin arbetskamrat och sin arbetsgivare. Utan några tidigare planer stod hon plötsligt ensam i salongen. Vart ska jag härnäst, hur ska jag fortsätta, var hennes frågor som hon fick brottas med.

Susanna blev angelägen att finna en lösning och hitta vägen framåt. Hennes mor gjorde också så, hon blickade alltid framåt inte bara för sig själv utan även för sina flickor, för Susanna och Elisabeth. Vid Susannas sida stod maken Joakim och deras två söner. Syster Elisabeth med sin familj var hennes trogen i alla väder, en bundsförvant. Barbro, Susannas gudmor blev återigen den stora trösten och hjälpen så som det var när hon var en liten flicka.

Susanna sökte sig till människor, medium som hade förmågan att se och tyda olika tecknen, koppla samman och förklara händelser, sammanträffande. Susannas mantra var att *"det som händer och kommer i vägen i våra liv är förutbestämt."* Enligt henne behöver vi människor vara mer uppmärksamma på vad som hände runt om oss, lägga märke till människor vi möter och samtalar med. Hon besökte, relativt ofta seanser för att få kontakt med sin mor. Hon lyckades några gånger, inte bara med sin mor utan även med andra släktingar.

- De kom och hälsade på, brukade Susanna säga.

Dessa händelser var en stor tröst efter mors bortgång. Under kommande år höll Susanna kontakt med sin kära mor. Det räckte inte för Susanna att via andra medium få kontakt med mor. Hon sökte själv kurser och utbildningar i ämnet. Så träffades de: Maria S från Trollhättan och Susanna. Maria blev efter det vägledare för henne. Flera år senare spelade Maria en stor roll för Susannas välbefinnande då Susanna själv blev sjuk. Jag besökte Maria och fick veta:

- Nej, jag kan inte säga att vi var nära vänner trots att vi har känt varandra runt trettio år. Vi närmade oss varandra själsligt. Susanna ville själv utbilda sig för att tyda tecken från andevärlden. Hon tog kurser hos mig och andra spiritistiska medier. Susanna var en oerhört känslig person när det gäller parapsykologi och hon var också en mycket positiv person. Nej, vi var inte nära vänner. Vi var själssystrar. Susanna var en ängel på jorden. Jag hade kontakt med henne in i det sista fast jag inte besökte henne fysiskt. Jag kunde ge henne healing på avstånd.

Susanna och Eja blir kollegor

En ny period rullade ut på Susannas livsbana. Mammas kunder blev hennes kunder, arbetsuppgifterna ökade och krävde en viss organisation. Planering var en viktig del i arbetet men det var Susanna bra på. Tungt blev det ibland. En äldre skada i armen gav sig till känna, den hon fick när hon skyddade Louise att falla ner från hästen. Den andra fick hon tre år sedan när hon och några av hennes vänner var på semester i Köpenhamn. Susanna blev påkörd av en bil och högerarmen fick sig en rejäl omgång. Den blev skadad och trots ett snabbt omhändertagande, gymnastik och massage hos naprapaten blev det aldrig riktigt bra. Då och då vid större fysiska ansträngningar fick Susanna ont.

Efter familjeråd med syster Elisabeth, Joakim och Barbro bestämde Susanna att hyra ut en frisörstol och dela på arbetsuppgifterna. Så blev det. Rent av en slump fick Susanna kontakt med Eja. Det tog inte lång tid då Eja och Susanna blev det nya arbetsteamet i Vinni salongen under åtta år framåt.

Idéer och tidigare goda råd från mor Vinni kom till användning. Ihop med egna idéer kunde dessa realiseras.

*

Eja och Susanna utvecklade salongen, de satsade på förnyelse, kurser, utbildningsresor och tog emot lärlingar. De engagerade sig i tävlingar på andra platser och de själva ordnade utbildningskurser och tävlingar för Uddevallas nya framtida frisörer. Kunderna hade inte svårt att hitta till salongen. En härlig blomstrande tid var det för båda flickorna och salongen. För Susanna var det en resa som kännetecknades av utveckling som egen företagare. Under ett av många samtal berättade hon:

- Kurserna var bra för mig. Jag lärde mig på vägen, jag var som en svamp som insöp inte bara att bli en bra frisörska utan även att bli bra yrkeskvinna, som kunde leda ett team av medarbetare med olika inriktningar och på så sätt skapa en kundkrets där vi skulle tillgodose kundernas önskemål.

Är det drömmar eller tillfälligheter som visar livets väg?

Med tiden ville Susanna mer, hon sökte nya vägar på sin livsbana. Hon bar nämligen på en dröm. Drömmen om en salong där hon skulle leda och bestämma, förverkliga nya idéer och skapa. Skapa förutsättningar för unga lärningar som kunde utvecklas i allt på samma arbetplats. Det skulle vara en salong där inte enbart håret skulle fixas. Kunden skulle erbjudas andra tjänster utöver klippningen som att få medicinsk fotbehandling, manikyr eller att få ryggmassage alternativ helkkroppsmassage samt ansiktbehandling. För kunden skulle alltså skapas en helhet. För att förverkliga dessa idéer behövdes ett större utrymme. Den lilla salongen blev för trång. Dessutom brottades Susanna innerst inne med en annan för henne angelägen fråga - hur skulle hon kunna lämna mor Vinnis livsverk, hennes och Susannas hem, arbetsplats och ställe där hon för flera år sedan blev till. Alldeles många minnen rymde denna salong. Alldeles för många.

Syster Elisabeth blev en klippa under denna period. Systrarna hade många diskussioner, de brukade hjälpa varandra och ge råd till varandra. Med åren blev relationen allt starkare, de blev närmare varandra. Deras mor levde inte längre och det gemensamma för båda var att de inte hade någon umgänge med sina fäder. Följaktligen hade de inte fått uppleva det normala familjelivet med pappa och mamma. Deras personligheter skiljde sig åt men de älskade varandra och var beroende av varandra. Båda var måna om sina egna familjer, kanske just på grund av erfarenhet från deras egen barndomstid. I diskussionerna sinsemellan om salongens vara eller inte vara blev det Elisabeth som slutligen satte ner foten:

- Susanna, sluta med tankar som leder till besvikelse, sluta anklaga dig för att du säljer mammas livsverk. Du har förvaltat det på bästa sätt och nu är det dags för dig att gå vidare. Det är livet, syrran. Du får fråga mor när du får kontakt med henne. Fråga om rätt och fel och sedan ta eget beslut.

Det tog upp till två år för Susanna att komma fram till beslutet. Salongen skulle säljas till Eja. Efter tio år som egen företagare på Nordens väg, fick Vinnis salong i Susannas regi sitt slut. **En ny era i Susannas liv tar sin början.**

Det var på en fortbildningskurs anordnat av Frisörernas riksförbund och i möte med ledande personer inom yrkeslivet som hennes beslut mognade om en utökad frisörsverksamhet, återigen bli egen företagare och ha flera anställda - alternativt att bygga upp delägarverksamhet med flera olika erbjudande för kunden. Hon tänkte i första hand att anställa specialister med goda yrkeskunskaper samt flera frisörer.

Efter många diskussionskvällar med familjen, syster Elisabeth och gudmor Barbro samt flera goda vänner tog Susanna det avgörande steget. Susanna skulle starta en ny verksamhet. Sagt och gjort. Lokaler vid korsningen Asplundsgatan/Göteborgsvägen blev lediga och Susanna med två andra delägare, Christina Borg och Annica Lööw slog till. Den 10 juni 2014 öppnades salongen under namnet **Vi på Hörnet.** Fullbokat, blev det vanligaste svaret vid telefonbokning vilket gav bevis på ett bra teamarbete. Detta fina teamarbete fortskred även under pandemin. Det var toppen för Susanna, Christina och Annica. Susannas ord:

- *Åren mellan 2014 och 2018 tillhör de lyckligaste åren i mitt liv. De mest framgångsrika åren.*

*

Utbildning och därmed framgång var den främsta och prioriterande delen i hennes yrkesliv. Dock fanns det ett liv utanför salongen också. I det livet rymdes maken Joakim, pojkarna Gabriel och Elias, vänner, intresset för naturen och föreningslivet. Susanna styrde i hemmet, har hennes make Joakim sagt, men den styrningen var en mjuk styrning med hänsynstagande till alla familjemedlemmar. Leda men inte förolämpa, inte styra diktatorisk, inte använda sig av översittarmetoder. Ledaregenskaper hon besatt fick användning av också i föreningslivet.

*

Min känsla säger mig att denna flickas insamlade tankar, känslor och kunskaper under den tidiga perioden i hennes liv placerad i den lilla lekhagen bland tanterna i salongen mognade mer och mer och växte nu upp till nya dimensioner. Hon, så klok som hon var lärde hon sig att använda dem med måtta och förnuft. Man kan lugnt säga att Susanna var autodidakt, alltså självlärd i första hand.

Livet blir aldrig som man tänkt eller önskat sig

Året 2018 utmärkte sig främst när det gäller vädret. Mest var vädret varmt och torrt. Den kalla våren med mycket snö växlade om och övergick snabbt till högre temperaturer. Våren blev kort och åtföljdes av sommarens värme, soliga dagar och högre temperaturer. Över femtio bränder härjade i landet detta år. Till den större räknas branden i Kårböle i Västernorrland där upp till tiotusen hektar skog gick till spillo. Med många soldagar och alldeles för lite regn upplevde bönderna ett av dem sämsta skördeåren på mycket länge. Spannmålsskörden blev den lägsta på sextio år med foderbrist som följd som ledde till omfattande slakt. Uttrycket *"den enes död den andres bröd"* blir en aning överdrivet dock visar det på stor belastnig för bönder och ger fördel till semesterfirare. Till det positiva kunde man förvisso räkna konsumenternas fokusering på svenska livsmedel samtidigt som politikerna likaväl som allmänheten fick upp ögonen på för vår minskande självförsörjningsgrad vid oväntade händelse från omvärlden.

Badandet fortsatte långt in på hösten med höga dagstemperaturer. Västkusten var inget undantag med i genomsnitt en grad varmare än den normala temperaturen. Sommaren var lång, många tog tillvara på möjligheter att bada och vistas i naturen. Naturälskare njöt i fulla drag. Regnet hade däremot svårt att infinna sig trots att markerna törstade efter det. Höstsådda grödor behövde vatten och naturen i sin helhet längtade efter regn, påfyllning av vattenreservoarerna blev akut.

*

För Susanna var detta år utmärkande på det personliga planet, hon fyllde femtio år. Familjen reste till USA.

Framåt hösten stod hon i händelsernas centrum. Ledarskapet var den springande punkten på arbetsplatsen, engagemanget i flera föreningar krävde sin tid och hushållet skulle skötas om. Joakim och Susanna delade på uppgifter, allt från trädgårdsskötsel, städning, matlagning, sönernas utflyttning till egna bostäder. Sina idéer i hemmet brukade hon diskutera med Joakim och även pojkarna om sådan krävdes. Slutligen förankra dem tack vare hennes organisatoriska ådra hon ägde.

Något annat hände också. Susanna började känna en olust som hon inte kunde hitta en förklaring till. Ganska ofta kände hon sig dålig, fick migrän som med tiden började blir mer intensiv nästan outhärdigt och hon kände svaghet och matthet i hela kroppen. Hon hade svårt att identifiera denna för henne nya situation.

Susanna sökte förklaringar, hon plöjde i minnet långt tillbaka i tiden, undrade vad det skulle kunna vara för fel. Det uppstod ett problem som hon behövde lösa, komma till roten med det, få veta varför. Hon måste göra det själv, utan några andra inblandade, än så länge. *Susanna i ett nötskal.*

En vettig förklaring till sitt illamående hittade Susanna i den olycka hon råkade ut för flera års sedan, 2002 i Köpenhamn. Detta år besökte familjen Ahl sina släktingar i Danmark.

Frisörens arbetsuppgifter kräver starka armar och axlar. Armarna ska lyftas, sänkas och vridas i olika vinklar för att händerna får skapa frisyr. Till det krävs både styrka och uthållighet. Så armar, axlar och händerna är de viktigaste redskapen. Susanna kände att inte allting stod rätt till med hennes axel, illamående, trötthet och migränanfall. Det krävdes mer träning för att klara av arbetet och de förpliktelser hon hade. Så enkelt var det. *Det var Susanna i ett nötskal.*

*

November kom med regn, snö, blåst och kyla. Sommar och den vackra hösten var definitivt över för denna gång.

På förmiddagen den 20 december bara några dagar före julafton ringde telefonen. Det var från Missing People. Susanna, Joakim och flera andra kallades till uppsamling för att delta i sökandet efter en försvunnen kvinna som dessutom var mor till en av Susannas kunder. Vädret var det sämsta tänkbara. Ett djupt lågtryck med blåst och snöblandat regn gjorde att man fick hålla kroppsvärmen med te eller kaffe under timmarna som söksinsatsen pågick.

Tidig under morgonen samma dag fick Susanna ett migränanfall. Huvudvärken var nästan outhärdig. Utan att tänka på sina hälsoproblem gick hon och Joakim iväg. Susannas uppgift var att organisera sökningen. Många timmar i sträck i en eländig terräng, som sagt i eländig terräng. Susanna kunde ändå se det vackra med hängande gran- och tallgrenar, susande vind ovanför huvuden och fallande regndroppar som hjälpte henne att glömma huvudvärken och låta tankarna flyta fritt. Susanna lät sig inspireras av den mäktiga naturen som kan ge människan lugn i själen om hon så vill och tar emot. Å andra sidan, naturen kan vara obarmhärtig och skoningslös mot oss människor som ideligen glömmer att människan är en del av naturen och borde mer tänka på denna samhörighet. Njut men utarma inte, nya generationer kommer efter dig. Kan hända att Susanna med liknande tankar i huvudet arbetade metodisk, lyfte varenda gren, stegades in i ravinen och genomsökte varje liten plätt i skogen tills kvinnan hittades.

Hemma igen och huvudvärken fortsatt, nu kräktes hon också. Nästa dag, fredag bad Susanna sin make att kontakta vårdcentralen och de körde dit. Läkaren de träffade konstaterade att ″du har fått vinterkräksjuka. Gå hem och lägg dig″. Saken var avgjord, det var bara att följa order.

Dagen gick och det blev bara värre. Lördagen grydde och Susanna mådde värre. Jocke ville ringa efter ambulans men Susanna sa:

- Nej Joakim. Det är onödigt att använda ambulansen för enkla diagnoser. Du får köra mig i vår bil i så fall.

Så blev det. Joakim körde Susanna till Näl. Efter att de passerade Akutens huvudentré ramlade hon ihop, mer orkade hon inte. På infektionskliniken konstaterades att det inte handlade om vinterkräksjuka. Den diagnosen avfärdades och läkarna ville ha en grundlig undersökning inklusive röntgen på Sahlgrenska sjukhuset. Det blev bråttom inte med ambulans utan med helikopter flögs Susanna till Sahlgrenska sjukhuset. Efter en snabb genomgång av Susannas tillstånd misstänkte läkarna en blödning i hjärnan. Detta fick åtgärdas direkt. Misstankarna besannades. Dessvärre. Det var kärlen som brast och vad värre var - det var en hjärntumör som ursakade det. Akut operation blev ett faktum. Den gick bra. Efter några dagar av återhätning kördes Susanna denna gång med ambulans, till Näl för en tid av rekonvalescens. Det var lördagen den tjugotredje december, 2018. Joakim med pojkarna och Elisabeth var närvarande på olika sätt under hela denna period fram till den dagen då Susanna kom tillbaka till Näl.

Julhelgen blev annorlunda den här gången för Susanna och hennes närmaste familj. Inte enligt den traditionen som familjen Ahl och släkten tillämpat år efter så som Susanna önskade. Nämligen att turas om med julfirandet och att alla delade på både uppgifter och utgifter. Poängen var att de träffades både vuxna och barn. Att vara tillsammans var för Susannas det viktigaste av allt. Deras gemenskap stärktes.

Den här gången var platsen sjukhuset på Näl. Det blev en annorlunda jul dock trevlig ändå. Dagarna på Näl med många besök av familj, kollegor och vänner blev höjdpunkten för Susanna som kände sig uppskattad, glad, och blev piggare efter varje dag. Samtidigt var hon under ständig kontroll.

*

Mellan alla besök fann Susanna tid till meditation, funderingar om hur livet kommer att te sig i fortsättningen för henne och hennes familj. Många frågor hopades i hennes huvud och dessa behövde svar och en lösning.

- Hur hanterar jag och hur lever jag med en obotlig cancertumör kallad Gliomblastom? Vad händer med mitt arbete? Hur ska det gå för mina barn och min make Joakim? Hur lång tid har jag kvar? Vad kan jag själv göra, hur kan jag hjälpa till så att vi får vara tillsammans?

Dessa och många fler frågor som behövde ett svar lagrades i hennes medvetande. Hon var dock fast besluten att vara ärlig mot sig själv och mot alla andra i sin närhet. *Det var Susanna i ett nötskal*: att inte ge upp i första taget.

Upphov till hennes funderingar var samtalet med onkologen som berättade att denna cancertyp är obotlig. En snabb åtgärd kommer att vara nödvändig för att bromsa tumören från tillväxt och spridning. Strålning blir första åtgärd. Strålningen kommer att ske ganska snart efter några veckor av vila i hemmet. Först måste hon bli tillräckligt stark. Strålningen ska pågå under sex veckor och ske dagligen på Sahlgrenska sjukhuset.

Där och då under samtalet lovade Susanna att följa allt vad sjukvården föreskriver. Men, Susanna tillade också följande:

- Utöver den ordinarie medicineringen vill jag själv bidra och hjälpa till för att stärka min kropp, stärka mitt immunförsvar.

Det var naturmedicin som Susanna syftade på, skaffade själv och som för henne var en självklar del att använda sig av under den läkande processen. Susanna hade stor tilltro till naturläkemedel och hon hade kontakt med flera naturterapeuter. Till exempel så använde Susanna vitamin C, som hon dagligen fick intravenöst som ett dropp av en god vän.

Frånvaron på arbetsplatsen löste sig av sig själv. Barbro, frisör tillika hennes gudmor, hoppade in.

- Det var den naturligaste sak i världen att jag ställde upp!

berättade Barbro för mig under samtalet vi hade. Hon hade nyligen gått i pension och hade ledig tid och möjlighet att bistå Susanna med hjälp. Denna underbara Barbro. Alltid redo när det behövdes som många gånger tidigare under Susannas uppväxttid. Joakim och syster Elisabeth tog hand om allt det praktiska som ekonomi, företagets räkenskaper med löneutbetalningar med mera.

Sex veckor daglig körning till Sahlgrenska fick organiseras, tyckte Susanna. Hur ska det gå till? Familjemedlemmarna arbetar, de kan inte ställa upp att köra henne dagligen. Resor med tåg eller buss var otänkbara för Susanna. Hon kände sig svag efter varje strålning och framförallt, hon var rädd att inte klara av sitta på buss eller tåg. Hon kanske skulle svimma, kräkas och annat som skulle kunna hända. Problemet löste sig galant. De följande sex veckorna blev vännerna hennes räddning.

- "Varifrån kommo de väl hit neder?" – frågar Tomten i Viktor Rydberg saga när han själv iakttog husets sovande små barn och familjemedlemmar. På samma sätt ställde Susanna den frågan till sig om sina vänner.

Svaret kom från alla vänner:

- God människa med god själ får många vänner.

Så löste sig även detta ″lilla“ problem. Under följande sex veckor kördes Susanna till Sahlgrenska. Det gick bättre än hon kunde ana och dessutom var hon glad över alla samtal med ″chaufförerna″ som dagligen växlade. Allt beroende vem som kunde vara ledig den dagen eller vem som kunde bistå med sin tid för Susanna. Allehanda samtalsämnen diskuterades på sträckan mellan Uddevalla och Göteborg. Ibland talades det förtroligt, ibland rörde samtal det dagliga livet med dagliga bekymmer, inte minst kommunpolitik och världspolitik. För Susanna som den högt kompetenta sociala människan hon var blev det både en upplevelse och en påfyllnad i hjärnas mentala verksamhet.

*

″Ärligheten varar längst″ var ett av Susannas många mantran. Det gäller att prata öppet med sin man, sina barn och alla andra. Hon var en ″transparent“ människa som hennes pojkar uttryckte det i samtal med mig. Alla skulle följa med på hennes resa som skulle leda tillbaka till det normala, dagliga livet. Susanna var fast besluten att återvända till livet!

Våren 2019

Det gick hennes väg. Våren 2019 var Susanna tillbaka på sin arbetsplats, dock inte på heltid. Nej, men hon ville vara med att leda och styra. Det var hennes liv – leda och styra med mjuk "järnhand" och ingjuta framtidstro i alla hon mötte på livets väg.

Hon ville vara med också för sin egen del dock nu var situationen förändrad. Utgångspunkten skulle vara hennes ork och hennes fysiska kondition. Det skulle innebära en framtid med mindre arbete. Susanna skulle fortsätta möta kunder, behålla ledarskapet, hjälpa till att anordna kurser och tävlingar. Allt detta med måttfullhet. I fortsättningen fick det inte vara hårt arbete från morgon till sen kväll. Nedtrappning till lagom nivå som hon kunde klara av och samtidigt njuta av. De första stegen i denna riktning var nyanställningar. Detta år kom frisörskan Malin som visade sig att hennes tankar och visioner överensstämde med Susannas. Barbro, gudmor fortsatte att arbeta och ta hand om Susannas kunder.

Så går det på livets väg. På den vägen möts dagligen de kompetenta människorna som bygger upp nya och spännande öden.

Det gick framåt och efter en vacker vår kom sommaren och Susannas psykiska hälsa var bättre än på mycket länge. Hon trivdes, följde alla instruktioner från medicinskt håll och hade täta kontakter med homeopatins tongivande personer.

Familjelivet återgick till sin ordinarie tillvaro som innan sjukdomen bröt ut. Ta hand om trädgården, plantera nya blommor, klippa buskar och beskära träd, fylla balkonglådor med ny jord. Vårsstäda hem och att hjälpa sönerna. Joakim blev ännu mer observant och mer lyhörd gentemot Susanna. Hon skulle få all den hjälp hon behövde och önskade. Familjen förberedde sig på långväga besök från Chicago som skulle bli en höjdpunkt i tillvaron denna sommar.

*

Susannas mantra "det fysiska och psykiska sammanhänger" blev vägvisare i det dagliga livet. Det blev nödvändigt att övervaka den elaka tumören. Den skulle hållas i schack. Regelbundna kontroller var ett måste för Susanna. Därtill kom styrkande mediciner av homeopatisk karaktär. Detta år var hösten mer normal jämfört med hösten 2018. Badandet varade inte så långt inpå hösten. Naturen bjöd på mycket annat stärkande för Susanna. Det var promenader, vistelse i skogen med bär– och svampplockning. På sensommar hade Susanna och hennes närmaste ordnat fest för livet med god mat och dryck hemma hos Susanna och Joakim.

Julhelgen 2019 var efterlängtad för alla och i synnerhet för Susanna. I år skulle hon vara med sina kära hemma i sitt eget hus. Likaså var nyårsfirande en höjdpunkt fylld med glädje bland familjer och släkt. Den stora lyckan överskuggade alla bekymren.

Susanna njöt med fulla drag. Vad upplevde hon egentligen? Med all sannolikhet kände hon en enormt stor tacksamhet till livet från en ny horisont, från ett annat perspektiv. Hon var full medveten att hon fick tillbaka livet och det livet ville hon förvalta på bästa sätt. Hon var alltid beredd att ta emot allt vad livet gav henne hittills. Sedan hon fick besked om den elaka tumören, gick igenom operation, strålning och konvalescens, mötte hon många människor på vägen till dags dato, jul och nyår 2019. Hon kände tacksamhet till alla dessa människor och naturligtvis var hon tacksam för alla kunskaper hon fick på vägen. Oj, så mycket hade hon att tacka livet för. "Jag vill tacka livet" som Arja Saijonmaa sjunger. Det gjorde hon. Susanna kunde konsten att uppskatta livet och visa tacksamhet. Hon upplevde stor optimism inför det nya året, 2020.

Glädje och lycka varar inte i evighet. Njut av den så länge den varar

Det var början av 2020 och vintern lyste med sin frånvaro. Det blev aldrig någon riktig vinter i landet. På somliga platser på västkusten fick vi aldrig någon meteorologisk vinter, hösten övergick i vår. Istället för snö fick vi mycket regn och temperaturen passerade plus tio gradersstrecket.

*

I slutet av januari blev Susanna dålig och kördes denna gång med ambulans direkt till Sahlgrenska. Efter röntgen blev det en kortare konsultation med läkaren om en tid till ny operation inom två veckor. Tumören hade slagit tillbaka med all sin kraft.

Inför denna andra operation fick Susanna tid att förbereda både sig själv, sina barn och sin man. Likaså fick hon tid att ordna allt på sin arbetsplats, ställa allt i ordning. I fall eller om. Man vet aldrig. Var denna tid lugnare jämfört med den första då allting skedde i alla hast? Nej, tvärtom. Susanna upplevde stress och grät många tårar. Vetskapen om att tumören var obotlig och att allt kan hända under operationen gjorde Susanna svårmodig och melankolisk. Susanna tänkte på sin mor, hon tänkte på den "andra sidan" där det inte finns motgångar och jämmer bara frihet och glädje. Visdomar och kunskaper hade hon under flera år insamlat på seanser, möten med medium och kurser och nu under väntan på operation hade Susanna dagliga samtal med sin tvillingsjäl Malin. Den här gången ville hon att alla är med i förberedelserna inför operationen. Nu tänkte hon på allt från kista, sånger, begravning, kvarlåtenskap samt hur livet skulle bli utan henne.

Susanna var en flitig Facebookanvändare med många följare. Det var hennes plattform inom sociala medier där hon pratade om allt, meddelade allt, framförde sina åsikter, skrev om kursprogrammet, om framgångar i arbete, skrev vackra, uppskattande ord till andra. Hon använde sig av denna plattform även för privata angelägenheter, friluftsaktiviteter och resor. Transparent som hon var hade hon inget att dölja. Operationen bestämde hon att redovisa steg för steg i bilder och ord, helt enkelt hela förloppet.

Två veckors väntan blev både lång och alldeles för kort. Varför? **Kort**, för att hon ville uträtta och klara av många uppgifter, kontakta många vänner och personer på olika myndigheter. **Långt**, för att även om hon upplevde mycket stress med det myckna arbetet fick hon ändå tid över för egna tankar. Susanna kunde grubbla och leva sig in i olika situationer, målade olika scenarier i hemmet, på sjukhuset eller under själva operationen. Av det föddes hennes rädsla.

Rädd för vad? Stress var aldrig den bästa rådgivaren inför livsavgörande händelser. Tankar och frågor snurrade i hennes huvud, utan något svar: varför kom tumören tillbaka och spökade i hennes hjärna? Varför?

Susanna var fulladdad med känslol av allt som hände kring henne. Hon var besviken på det känslokalla omhändertagandet inför denna operation. I det här stadiet hade hon svårt att tänka positivt och att överhuvudtaget se positivt på framtiden. Besviken och rädd var hon. Känslorna, mest av negativ karaktär fick komma fram och de gick inte att stoppa fastän hon försökte. Som alltid ville hon tänka på det positiva som kommer efter.

*

Långt efter operationen berättade Susanna om denna obehagliga situation både före och efter själva ingreppet. Hon hade svårt att se det mänskliga hos sjukhusets personal och blev mycket illa berörd av det.

Det var känslokallt, rutinmässigt, som om patienten inte hade några känslor alls. Hon hade svårt att förlika sig med behandlingen som enligt henne inte var människovärdig. Det handlade om rutinmässigt, schemalagt arbete. Hon uppfattade det som att personalen hade svårt att se att varje patient är unik med olika behov och reagerar olika på tilltal, omhändertagande och rörelse. Det kanske mest plågsamma började på uppvakningsavdelningen och som fortsatte senare på den ordinarie avdelningen. Och inga besök fick hon ta emot på grund av pandemin. Tårar, skam och bedrövelse. Dagen efter operationen krävde Susanna att bli förflyttad hem.

- Läkningen blir bättre hemma bland mina nära och kära och med all den mänskliga värmen jag kan få. En sargad kropp och sargad själ längtar efter ett bättre omhändertagande. Att röra sig i hemmiljö, omgiven av dem som står mig nära uppskattar jag verkligen.

Vilken lycka det måste vara för Susanna att vara med pojkarna Gabriel och Elias samt Joakim. Bortsett från upplevelser på avdleningar gick denna andra operation bra. Susanna kunde slappna av och igen se med tillförsikt på närmaste framtid.

Susanna berättade vidare:

- Överlever jag denna operation då skriver jag ner det jag upplevde, kontaktar utbildningsansvariga och erbjuder mig att medverka under några föreläsningstimmar för blivande undersjuksköterskor. Jag vill berätta att människan består av kött och blod med själ och känslor och vården bör ske därefter.

Så tänkte Susanna. Detta blev mycket mer påtaglig när det handlar om något så avgörande som hennes vidare existens. Susannas överkänslighet kom under tiden hon väntade på den andra operation. Den var delvis ett resultat av rädslan hon upplevde innan. Pandemin tillkom också.

*

Coronaviruspandemin som startade i kinesiska staden Wuhan i november, december 2019 spred sig de första månaderna i 2020 till större delen av världen. Sverige blev inget undantag och livet fick anpassas därefter. Strikta restriktioner i skolor, idrottsanläggningar arbetsplatser inte minst på sjukhusen. Svenska folket satt som klistrade framför TV-apparaterna och lyssnade på experten Anders Tegnell och hans dagliga redogörelse om pandemins läge i Sverige och i världen. Varje dag fick vi höra hur många nya fall som tillkommit och hur många människor som avlidit i första hand bland den äldre gruppen. För Susannas del innebar detta inga besök på avdelningen av några familjemedlemmar vilket drabbade henne hårt.

Två veckor tog det för Susanna att känna sig tillräckligt stark för att kunna börja behandlingen, denna gång med cytostatika. Strålningen var utesluten för att undvika skador på kroppen. Den nya situationen resulterade i nya funderingar som hon dagligen dissekerade med sin tvillingsjäl Malin och sin syster Elisabeth. Susanna visste nu att i detta läge krävdes att gå ner ännu mer i arbetstid och all aktivitet i det dagliga livet. Arbetstiden fick hon minska till femtio procent. Resterande tid ämnade hon använda för att i första hand förbättra sin fysiska kondition med passande träning. För det andra ville Susanna lära sig mer om sjukdomen för att behärska den och kunna hantera den på ett sätt som skulle göra hennes liv lättare att leva. Hon hade en punkt till och stod fast vid den: nämligen att vidareförmedla egna erfarenheter från sjukhusvistelsen till studerande undersjuksköterskor.

Med andra ord, hon var fullt engagerad som om hon skulle vara frisk: fysisk träning, studera och fördjupa sig i cancern samt förmedla erfarenheter med syfte att förbättra eftervården efter genomförd operation på sjukhuset. *Susanna i ett nötskal.*

Med kuratorer hade hon många samtal främst om hennes hälsotillstånd och hennes väg framåt. Sedan diskuterade hon om möjligheterna att med sina egna erfarenheter bidra och höja kompetensen för just nu studerande undersköterskor. Med detta ville hon inte ifrågasätta doktorernas kompetens. Absolut inte. Hon ville snarare berätta om den mer praktiska delen, cancerpatienters dagliga bemötande på sjuksalar och i korridorer. Hon resonerade så som följer:

- Om varje människa är unik då innebär det att varje människa har olika behov. Detta blir så mycket mer påfallande när man blir patient. I synnerhet de cancersjuka patienterna kan vara mer känsliga för beröring. Då tänker jag på olika hjälpmedel som babyborste för att massera huvudskinnet efter borttappat hår och samtidigt inte skrapa så att det gör ont. Den mildaste schampo borde vara ett måste och även den finaste Cream mot brännskador istället för cortison som skadar den känsliga huden.

Susanna fortsätter:

- Det andra viktiga är hänsynstagande till människans olika behov som personlig hygien, påklädning, promenader, tysthet, medicinering, m.m.

Susanna fick alltså tid för att engagera sig i bättre eftervård som gav resultat. Flera gånger deltog hon vid utbildning av blivande undersköterskor och hade undervisningssamtal med dem utifrån egna erfarenheter. Det hände att elever besökte henne för diskussion av frågor som de inte fått svar på inom själva utbildningen.

*

Susanna trodde på livet, på det goda i livet, hade rätt inställning till det. Med andra ord, Susanna ville rätta till det som hon upplevde var fel och se till att patienter inte får lida. *Susanna i ett nötskal.*

Pandemin var inte över. Covid-19 fortsätter skörda liv och sjukvården blir mer och mer belastad. Befolkningen följer dagliga rapporter under ledning av Anders Tegnéll om nya sjukdomsfall och nya avlidna. För de friska kom vaccinationerna i gång. Stora förändringar sker också inom det sociala livet. Borta är stora sammankomster med familjer och eventuella grillfester anordnas med stor försiktighet.

Naturen kom till vår hjälp i stället. Promenader, vistelse i skogar, på badstränder och solbad, bär och svampplockning blev det nya nöjet för svenska folket avsevärt mer än tidigare. Man hälsar på avstånd och tar inte i hand. Hälsningsfraser är på uppgång. Inte har vi hälsat tidigare i så stort utsträckning på för oss främmande människor som vi gjorde under pandemin. Den humana individen blir mer human, kanske. Vi behövde inte flyg heller. Det onda har något gott med sig, ändå.

Inte heller arbetet på salongen var som vanligt. Både de anställda och kunder som ville klippa sig behövde anpassa sig till de nya rutinerna. Trots det behövde man inte stänga salongen helt. Det kändes skönt för alla parter, inte minst för Susanna. För Susannas del innebar denna tid en lång sjukskrivning, avsevärt längre än efter den första operationen. Hon njuter av sommaren, njuter av livet, börjar träffa vänner och kollegor, är dock mer vaksam. Livet börjar sakta återvända. Hon får luft under vingarna och tror på framtiden. Tiden går i sakta mak, hösten kommer och passerar. Julhelg och nyår inleder det nya året 2021. Vilken lycka! Även pandemin avtar och människor kommer tillbaka till sina arbeten.

Och det blir vår 2022

En dag i mars tog jag min dagliga promenad och på vägen till och från skogen lyste små gula vintergäck och vita snödroppar mot mig från den annars gråa och torra marken längs vägen. På hemvägen svängde jag in på Susannas gata. En bil kom emot, stannade, en glad och vacker Susanna steg ur bilen för att berätta för mig det senaste:

- Tumören kom tillbaka och jag ska åter till Sahlgrenska, det blir i morgon. Jag förberedde mig ordentligt denna gång och är inte rädd längre. Nu vet jag hur det går till. Jag är stark, tror på läkarna, tror på livet och tror på framtiden. Det blir bra.

Kvittrade Susanna och tillade:

- Förresten, vill du följa med mig hem en stund?

Efter en kort fundering om vad jag behövde uträtta de följande timmarna tackade jag nej, önskade lycka till och att vi ses när hon kommer hem. Susanna svarade:

- Då säger vi så. Denna gång stannar jag inte längre på sjukhuset än nödvändigt, jag mår bättre hemma.

Vi skildes åt med en kram och jag fortsatt hemåt. På vägen fick jag nästan ett raseriutbrott och sade till mig själv: ”Marta, hur kan du vara så omdömeslös?” Jag skyndade hem bytte om, tog en bunt tulpaner och körde tillbaka till Susanna som blev glad. Vi fick två oförglömliga timmar tillsammans. Susanna var strålande, berättade om planer som hon hade redan nu och vilka hon kommer att förverkliga efter hemkomsten från sjukhuset om några dagar, eller kanske en vecka.

Vad pratade vi om? Det som vi alltid pratat om när vi möttes. Om livet på denna jord, om mor Vinni, om hennes pojkar Gabriel och Elias, om Joakim som hon älskade. Vi pratade om boken. Susanna ville gärna skriva en bok om livet och om de senaste händelserna i hennes liv. Vi lovade varandra att höra av oss. Först behöver hon tid att känna sig tillräcklig stark och får lust att börja skriva. Då träffas vi.

Familjen står på trappan

Ödet eller inre röst gjorde att jag en vecka senare passerade samma väg. Framför ingången till huset stod en bil och från huset kom Susanna ut medföljd av Gabriel och Elias samt Joakim och hjälpte en ny Susanna att steg för steg komma ner för trappan och sätta sig i bilen. Det gick trögt och jag hörde henne säga:

- Jag kom hem idag och jag var tvungen att duscha först. Nu ska jag hälsa på mina "flickor" på salongen.

Inte ett ord fick jag fram. Jag minns inte om jag kramade henne. Överraskningen, snarare chocken blev för mycket för mig. Tankarna snurrade men jag såg den starka Susanna som inte gav upp i första taget. Som planerat hon skulle komma tillbaka till det normala livet.

Några dagar senare fick jag veta att operationen den här gången inte gick som hon önskade sig. Nej. Det hände något vid själva ingreppet och konsekvenserna blev en partiell förlamning. Både hon och alla som stod Susanna nära förstod att denna gång skulle det ta en lång tid med läkning efter operationenen och sedan krävdes både fysisk och mental träning. Kroppen måste återställas.

Konvalescensen gick långsamt, steg för steg, dag för dag. Susanna vistades hemma och hon fick olika hjälpmedel för att träna och träna och träna. Det gjorde hon, envis som hon var. *Susanna i ett nötskal!*

*

Dagar övergick i veckor och Susanna var längtansfull inför att se resultatet av sin strävan. Den kom inte eller bara svaga tecken visade på framgång. Det dröjde och värre var att Susanna såg sig då och då förbisedd av sjukvårdens hantering. Hjälp till daglig gymnastik och hygien, promenader m.m. de blev slarvigt utförda eller till och med uteblev. Susanna började klaga, hon gav sig inte så lätt. Flera gånger i vecka körde Joakim Susanna till salongen för att träffa "sina flickor", sina medarbetare och kollegor.

Situationen blev en aning bättre efter att Susanna flyttats till en avdelning på Uddevalla sjukhus. Där trivdes Susanna, hon fick en bra hjälp med allt hon behövde - dagliga promenader, fysiska övningar och regelbunden mat. Dessutom många vänner som kom och gick. Rummet var som en frukt och godisaffär på samma gång.

Bättre eller sämre? Svårt att säga när Susanna i slutet av sommaren flyttades till Rosenhäll. Hon fick eget rum och hon blev lovad att få lika bra eller ännu bättre omhändertagande. I denna period av sjukdomsförloppet hände något, som gjorde Susanna mer känslig än normalt.

Joakim kom dagligen, likaså kom sönerna Gabriel och Elias så ofta de kunde. Vänner och arbetskamrater kom regelbundet. Syster Elisabeth tog Susanna ut på promenad i parken de stunder hon kunde ta ledig från sitt arbete.

Det var något som inte stämde med Susannas tankeverksamhet. Började hon tvivla? Blev min stilla undran. Hon blev ofta apatisk och ointresserad. Hon somnade mitt i samtalet. Våra möten och samtal om boken avbröts mitt i en mening för en kort stunds vila. Det blev ett slags process för oss båda, tror jag.

Vid ett av mötena berättade Susanna mycket om sin mor.

- Jag talar dagligen med mamma och ber henne att komma hämta mig. Hon svarar "tiden har inte kommit än". Jag har mycket att uträtta innan hon kan hämta mig. Mamma blev arg på mig för att jag överhuvudtaget kan komma på sådana tankar. Då får jag fortsätta att kämpa. Just nu har jag en period som är svår att gå igenom, sade Susanna.

Vid ett annat tillfälle redogjorde hon för mig hur allt ska ske ifall hon lämnar detta jordeliv. Hon berättade om hur hennes sista farväl skulle se ut, dikterna, sångerna, kistan, kläder minnesstunden, allt, allt.

*

En annan Susanna började ta form. Hennes mentala sinnelag verkade vara på en annan plan. Nästan som om hon påbörjade sin sista resa.

Sammanfattning om Susanna som älskade livet

Susanna, med sin personliga positiva inställning till livet, tittade hela tiden framåt. Parallellt med sitt yrke fann hon kunskap och intresse på flera andra områden. Full med energi hade Susanna alltid många järn i elden - göra nytta för andra, delta i samhällets utveckling, lära upp yngre i sitt yrke och inte minst att engagera sig i föreningslivet. Hon och Joakim var medlemmar i Civilförsvarsföreningens FRG (Frivillig försvarsgrupp), Missing People där hon blev organisatör och en av ledarna vid skallgångar efter försvunna personer. Därpå kom brukshundklubben och naturskyddsföreningen för att nämna några. Susanna var vinterbadare när lusten och hälsan tillät henne att hoppa i kallt vatten. Hon bidrog till bildande av vinterbadarnas förening på Gustafsberg. Hon hade också ett fotointresse, vid ett möte med ordförande i Fotoklubben, Vambola Kallaste nämnde jag Susannas namn. Reaktionen blev:

- Den flickan jovisst, jag minns henne. Hon var en underbar tjej, alltid frågvis och rakt fram. Hon och hennes man gick både grund- och fortsättningskurs på Fotoklubben.

För att bli bättre, gick hon fortbildningskurser både i arbetslivet och på fritiden. Hon deltog på flera mässor. Detta gav Susanna möjlighet att följa med i utvecklingen och följa nya trender inom frisörsmodet, omsorg om huden och modeskapande inom klädbranschen. Många nya kollegor träffade hon på det sättet. Hudterapeuten Helene Flink bollade hon idéer och diskuterade det senaste modet med.

*

I många avseende var naturen Susannas doktor. Hon älskade att vara i skogen och vid havet. Lunchrasterna var vigda för henne och hennes lilla hund, Dante. Familjen köpte denna hund 2009. Från början familjehund för att senare bli Susannas älskling som hon tog väl hand om. Dante var med på hennes arbetsplats. Under sommaren var strandpromenaden en given plats med avslutande bad. Man kunde möta Susanna vid Gustafsberg, som hon älskade eller vid Skeppsviken. Mycket sällan hade hon sällskap, hon ville vara ensam och ha tid för sina tankar och funderingar. Varje problem, stort eller litet skulle lösas, varje idé, bra eller tokig behövde bearbetas, vändas och vridas på, se för- och nackdelar. Efter en till två timmar kom hon oftast tillbaka med en lösning att framföra för personer hon hade tillit till som Malin i Strömstad, Barbro och Joakim. Körde hon fast blev syster Elisabeth hennes räddning. Dessa två var beroende av varandra och sökte varandras sällskap i synnerhet efter mammans bortgång. Färdiga lösningar kunde hon sedan presentera för hela arbetsteamet.

Lugn och energi fick Susanna i skogen. Närmaste skogsområde var nära deras bostad. Bara att komma ut, ta några meter ut i skogen, mot Vindsvalan eller lite närmare till Prostberget. Skogen hade också en annan funktion för henne, här kunde hon uppleva stunder av healing rekommenderat av mediet Maria. I skogen samlade Susanna styrka.

Susannas spirituella själ sökte förklaringar på vem som bestämmer över våra liv, vad händer med oss efter döden? Allt har sitt syfte och allt går att förklara. Livets händelser sker inte bara av ren slump. Susanna var inte kristen på det sättet. Nej. Hon var troende på sitt sätt, hon hade egen tro som skulle ge hennes liv mening för henne själv och alla andra hon mötte på vägen genom livet.

Susanna var en människa med råg i ryggen som inte var rädd för att ingripa när det så behövdes. Vid ett tillfälle var hon på väg mot centrum och då passerade hon en grop i gatan (detta på grund av byggnadsarbete). I den gropen låg en alkoholpåverkad man och ropade på hjälp. Där stod också ambulans. Susanna hjälpte till, hon tvingade mannen att åka med ambulans till sjukhuset för kontroll. Den mannen var styvpappan Stig.

*

Jag undrar om Susanna grubblade om händelserna i sitt liv? Lät hon livet passera revy? I så fall när, vilken tid, vilken period? Var det när hon blev sjuk? I så fall vilken tidsperiod närmare bestämt? Hon hade opererats tre gånger och varje ingrepp innebar för henne att leva vidare eller säga adjö till livet och till allt och alla hon älskade.

Efter den första operationen hade Susanna ett klart mål. Hon var inställd med hela sitt väsen på att snart som möjligt komma tillbaka till det normala livet. Susanna lyckades med det, hon kom tillbaka. Hennes cancer var obotlig, det visste hon av cancerläkaren. Men hon stålsatte sig att övervinna den. Anpassa det dagliga livets rutiner som motion, arbetstid, ledighet, mat och umgänge. Helt enkelt ha en fullständig kontroll över sitt sjukdomstillstånd och sitt välmående.

Den andra operationen var mer eller mycket mer skakig med flera obehagliga erfarenheter från sjukhuset som personalens bristande tillmötesgående, bristande hänsynstagande till människans integritet, känsla att vara en sak och inte människa. Enda lösningen för Susanna var att snarast möjligt komma och ta situationen i egna händer, styra och välja den rätta vägen. Var det under denna period som hon *grubblade*? Om hon gjorde det, vad grubblade hon över? Det kunde vara vad som helst - maten, arbete, engagemang, m.m. Blev det nu som hon tillät sitt liv att passera revy och ställde följande frågor?

- Gjorde jag rätt? Vad gjorde jag för fel? Har jag alltid handlat rätt gentemot mina arbetskamrater?

Susanna följde samma mål: att tillfriskna till en sådan grad så att kunna vara kapabel att arbeta, leda, helt enkelt att kunna leva. Även denna period gick det att delvis bemästra sjukdomen. Beslutet att vara "frisk" och att leva utifrån de premisser hon fick på sjukhuset stod kvar och Susanna gjorde allt för det.

- Livet är som livet är, det som ska hända händer.

Susanna i ett nötskal. Hennes framtidstro kunde man inte ta miste på.

Eller blev det först efter den tredje och misslyckade operationen som hon började *grubbla*? Den operation som hon var bäst förberedd på, där hon kunde se hela händelseförlorloppen framför sig och tala med operationsläkaren om varje steg som skulle tas. Hon hade samma läkare, samma avdelning på Sahlgrenska, delvis samma rutiner inför ingreppet. Ingen skulle kunna rubba hennes tro på "att allt ska gå bra." Jag upplevde själv den strålande glädjen när Susanna sa:

- Marta, nu är det ingen fara, jag vet vad som väntar mig och jag är inte rädd såsom jag var inför den andra operationen.

Så skulle det vara. Det blev inte så.

Utgången blev helt annat, än hon och alla med henne hade trott. Var det förutbestämt? I så fall varför? Inte någon kan svara på den frågan.

Jag undrar om något gick fel under operationen. Det närmaste förklaring blir att alla kann göra fel, olyckliga omständigheter, m.m. Situationen blev värre, mycket värre än någonsin, Susanna hade svårt att prata och svårt att gå. Men! Inget fel på hennes mentala styrka, inte. Åtminstone inte då. Framtidstro och målet att återfå både tal och kroppskontroll var det som hon skulle ägna sig åt. Under tiden skulle hon hålla kontakt med sina arbetskamrater, med sina anställda, vänner, och naturligtvis familjen i första hand.

Så var det tänkt. Ju längre tiden gick desto mer tillät hon sig luta sig tillbaka och *grubbla*. Det var nog nu som Susanna såg livets revy passera, se hela livets kretslopp från lilla Susanna som baby, lilla flickan sittande mitt i salongen och iakttagande, lekande med sina leksaker, grubblande, sällan gråtande eller pratande, skolgången, ungdomens revolt mot sin mor och sin styvfar, fast besluten att ta ansvar för sitt eget liv, fast besluten att vara en människa värd namnet "Människa". Sedan kom förälskelsen, möte med sitt livs kärlek Joakim, familjelivet med två friska och väl uppfostrade söner, deras gemensamma äventyr i världen främst i Amerika. Arbetslivet likaså med stora framgångar, lärande och utvecklande för att bli bättre. Hon kanske tänkte också på insatser i föreningar och som ledare i företaget. Detta livets kretslopp gjorde henne till den människa hon blev. En personlighet, unik på många sätt.

"Har jag sårat många av mina medmänniskor? I så fall ber jag om förlåtelse från djupet av mitt hjärta." *Susanna i ett nötskal.*

Och nu kändes det som, hon var tillbaka vid kretsloppets början i ensamhetens trädgårdar, ensam med sig själv som den lilla baby hon var, nu ensam med sina tankar: "Tack för livet, tack för allt jag fick uppleva, fick se och vara med om." Hennes liv var det lyckligaste hon hade. Vid denna tid gled hon långsamt och tryggt tillbaka till den lilla babytös, som inte klarade sig själv utan var beroende av andras hjälpande händer. De händer som nu tagit hand om henne blev Guds händer, någon störres händer, större än vi människor kan föreställa oss.

Hunden Dante, Susannas älskling var alltid med och den var med fram till Susannas bortgång. Dante dog två månader efter sin matte.

Personer i Susannas närhet

Joakim, hennes älskade make alltid redo med en hjälpande hand, alltid redo att uppfylla Susannas önskan, alltid redo att lyssna och diskutera, följa livet och uppleva alla dagar tillsammans.

Vid pappas sida stod sönerna Gabriel och Elias. Båda älskade sin mor. Båda var beredda att ställa upp när så behövdes. De minns deras fina uppväxt med mor och far. Mor som inte längre fanns.

Syster Elisabeth, hennes klippa när problemen hopades, när hon behövde någon att beklaga sig för, hade ont, var ledsen eller arg. Två systrar som hade varandra att lita på och vända sig till.

Barbro, gudmor och extra mamma som alltid stod redo när Susanna behövde hjälp. En stark relation sedan tidig barndom.

Malin, Susannas tvillingsjäl och bästa väninna. De träffades ganska regelbundet någon gång per månad. I telefon talade de flera gånger i veckan. Malin berättar mer:

- Under sjukdomstiden såg jag till att vi fick tätare fysiska möten. Långa samtal om allt som rör livet och döden, vardag, företagandet, familj, resor, vi gjort och planerade att göra. Livet efter döden, det pratade vi ofta om redan innan sjukdomen.
- Vi åkte på hälsoresor för att hjälpa kroppen att stå emot och läka. Susanna åkte även till Vadstena kloster på en tyst retreat som fick stor betydelse för henne, insiktsmässigt och spirituellt. Andlighet har alltid varit en viktig del i vår vänskap och "systerskap", vi har utan tvekan varit och är sammankopplade i tidigare och kommande liv.
- Jag pratar med henne varje dag. Hon skickar små tecken, ibland lite större och med mer uppmärksamhet. Jag har även via ett medium pratat med henne, där får hon förmedla vad hon vill att vi ska veta.

- Vårt sista samtal har vi ju inte haft. Men det sista vi hade i den här fysiska världen handlade mest om att jag skulle göra en operation, hon var lite orolig för min skull, vilket ju var helt onödigt. Det fick henne kanske att glömma sina egna besvär... Jag vet att jag sa att "jag kommer ner till dig så fort jag kan igen." Jag har i efterhand tänkt på hennes svar: "du behöver inte tänka på det, det blir som det ska". Sedan hann jag aldrig ner...
- Susannas löfte till mig var: "jag kommer och spökar för dig ". De andra löftena vi gav varandra håller jag för mig själv.
- Livet efter hennes bortgång är speciell, jag saknar henne varje dag, även om jag pratar med henne. Jag saknar våra samtal, hennes närvaro, omtänksamhet, humor, höga energier, mitt bollplank ... och jag saknar min tvillingsjäl.

Maria, Susannas medium var källan till Susannas inre styrka.

- Det var en alldeles särskild relation mellan mig och Susanna. Vi kände varandra runt tjugo – trettio år. Susanna var unik på många sätt. En av många hennes egenskaper eller egenheter var att hon ville lära sig kommunicera med andevärlden genom att läsa böcker och möta människor med samma uppfattning om livet. Så träffades vi. Susanna deltog på flera kurser, likaså var hon med på flera seanser anordnade av mig, sade Maria.
- Efter mor Vinnis bortgång ökade Susannas intresse att möta andra själar.

Vid mitt samtal med Maria fick jag veta mer:

- Susanna var en "Ängel på Jorden". Jag kallar oss inte vänner, vi umgicks inte på det sätt som släkt och familj gör. Nej, vi var själssystrar, det var det vi var. Enligt mig var det på ett djupare plan. Det gällde våra tankeverksamheter och tankeförmågor att iaktta tecken och symboler från andevärlden och sedan omvandla dem till det förståeliga tillståndet och förstå vad dessa tecken innebar i det dagliga livet. Susanna var en känslig person, hon var också överkänslig på många sätt. Samtidigt var hon stark och positiv. Hon följde noga de råd hon fick av mig.

Under den pågående perioden med tre operationer där varje operation lämnade olika men fick Susanna flera healingsbehandlingar med olika oljor. Efter en sådan behandling skriver Susanna till Maria:

- Jag försöker göra vad du säger, går i skogen, kramar och pratar med träden. I förrgår tänkte jag, nu ska jag ta i, jag nästan skriker mina affirmationer, med avslutning "jag är fri från cancer och sjukdom". Helt plötsligt prasslar det, där sitter en dam i snåret och plockar blåbär. Hon såg livrädd ut. "Kroppen speglar själen" ytterligare en av Susannas affirmationer.

Den senaste healing fick Susanna efter den tredje operationen några dagar efter att hon kom hem. Det blev också den sista. Efteråt kommunicerade Maria med Susanna i tankar och med hjälp av telefon.

Mina möten med dig, Susanna

Du ville själv nedteckna ditt livs saga, Susanna. Som så många gånger förr även denna gång hade livets öde förberett annat för dig. Du blev sjuk. Men att skriva boken tänkte du inte släppa. Du och jag skulle hjälpas åt att skriva. De gångerna vi träffades lyssnade jag på dig och antecknade. Varje gång jag besökte dig såg jag hur den högst levande Susanna bli mer och mer försjunken i sina tankar och jag såg dig bli mer och mer indragen in i en annan värld som sakta med säkert började omfamna dig. I mina ögon befann du dig bortom den mänskliga ridån.

Jag tillhörde inte dina närmaste vänner, inte heller din familj eller släkt. Lång ifrån. Trots det blev vi förtrogna genom våra diskussioner om ämnen som berörde både det fysiska och det själsliga. Våra likartade värderingar på livet, rättvisa, människosyn samt tro och vetande förde oss samman. Din nyfikenhet på hur det går för personer du möter på din livsresa var enorm. Det var alltid både lärorikt och uppfriskande att samtala, diskutera, eller bara lyssna på dig, Susanna. Du tog var och en på största allvar. Det var nog på den vägen jag kom att tillhöra, inte den inre kretsen, men den yttre. Hur blev det så? I ett telefonsamtal på tidigt nittiotal hittade jag förklaring:

Mamma Vinni ringde min make Dag. Jag svarade i telefonen och fick höra en ganska skarp men klar röst säga: "Kan Dag prata?" Första sekunden fattade jag inte något, sedan brast jag ut i skratt.

- Vad menar du? Jo visst, han kan prata.

Och skrattet ekade från andra sidan av tråden. Isen var krossad, vi hade ett gemensamt ämne, mitt hår, att prata om. Vinni sökte en modell med långt hår. Jag tackade nej till att bli modell men lovade att komma till salongen. Kort tid efter denna händelse besökte jag salongen för att Vinni skulle titta på mitt hår och eventuellt hitta en ny frisyr åt mej. Den kvällen slog Vinni två flugor med en smäll, hon fick både en ny kund och goda råd av Dag.

Från första dagen i salongen fick jag en bra kontakt med din mor Vinni och det var lätt att hitta nya samtalsämnen. Så småningom kom du, Susanna in i bilden. Från början såg jag dig att komma till mamma på besök, senare fick jag se dig att frisera andra kunder. Vi lärde känna varandra, talade alltid några ord, kände sympati för varandra. Måhända blev vi båda mer nyfikna på varandra.

Tiden gick och mamma Vinni blev sjuk, lämnade denna jord. Du blev ensam och du fortsatte i mammas fotspår och jag fortsatt att klippa mig i din salong. Oräkneliga samtal hade vi och många ämnen hade vi behandlat i salongen under den dryga halvtimme som klippningen tog. Jag kommer att minnas dina händer när du tvättade mitt hår, hur omsorgsfull och noggrann du var att massera hårbotten och leka med håret.

Sedan kom smällen, livets vägar tog en smärtsam riktning.

Allt jag fick veta av dig, din mor och dina nära och kära har jag skrivit ner. Jag gjorde det för dig, till ditt minne så att dina tankar, din energi, din godhet alltid förblir med dem som blev kvar. Du var en Ängel på jorden som din själssyster Maria berättade för mig.

Susanna och jag träffades fem eller sex gånger det sista halvåret och det sista mötet var i januari 2023. Dessa möten var menade för samtal och insamling av berättelser, fakta, historier till boken Susanna hade för avsikt att skriva. Joakim var alltid med för att avlasta Susanna och för att de skulle minnas tillsammans.

Medan de första mötena bringade glädje, Susanna hade styrka att berätta samt önskningar som skulle uppfyllas, ändrades stämningen en smula för varje gång jag kom. Jag märkte att Susanna var tröttare och talade mindre, Joakim fick svara i hennes ställe. Det blev stunder när det inte gick att föra ett samtal, tröttheten tog över och Susanna ville vila, somnade.

*

Det var också något annat, märkte jag, som Susanna inte var nöjd med. Det var sättet att bli behandlad på. Susanna var helt beroende av hjälp. Det visste hon. Hennes önskningar blev för henne mer tröttsamma än för dem som skulle göra det. Susanna uppfattade sin totala oförmåga och började tvivla på sin styrka att övervinna denna sjukdom, började tvivla på att hon någon gång kommer kunna gå, även om det skulle ske med hjälp av rullator. Snart skulle det visa sig att hennes fasta övertygelse "det fysiska hänger ihop med den psykiska" besannades men på ett negativt sätt. Nämligen, hennes fysiska oförmåga påverkade hennes psyke Det positiva sinnet och positiva syn på allt som låg framför henne började vackla. Då blev det lättare att försvinna "in i dimman" och tänka på sin mor och låta kroppen vila. Hjärnan hade svårare att bli aktiv och snart skulle det visa sig bli värre.

Några dagar före jul den tjugoförsta december besökter jag Susanna som ligger i sängen och vilar. Vid hennes sida sitter Joakim. Rummet är smyckat med julblommor och presenter av allehanda slag. En vit t-shirt hänger på väggen mittemot Susanna och framsidan är dekorerad med alla arbetskamraters namn. Runt om står skålar med olika frukter, goda fruktdrycker, godis och ännu mer blommor.

För två dagar sedan fick Susanna besök av sina arbetskamrater, hennes arbetsteam. De ville fira jul med Susanna, visa uppskattning och tacka henne för hennes goda ledarskap och trivsamhet på arbetsplatsen - det var hennes förtjänst.

Jag ser denna bild framför mig och tänker på Susanna som är omsluten av en stor krets människor. I den ingår i första hand Joakim och sönerna Gabriel och Elias, syster Elisabeth och gudmor Barbro samt arbetskamrater. Alla, nära eller fjärran ville Susanna väl. Det behövs, all den uppmärksamhet hon får ger henne styrka och energi att orka kämpa tappert tillbaka till det normala livet. Innan Susanna blev allvarlig sjuk var det hon som sprudlade med energi, delade glädje och olika slags råd, hjälpte alla behövande och delade med sig till sina vänner. Uttrycket "att ge och ta" passar som hand i handske. Susanna behövde all hjälp för att komma tillbaka till livet hon levde innan cancersjukdom.

Snart öppnas dörren och in i rummet stiger Barbro, hennes gudmor. Barbro strålar av glädje och går direkt rakt på sak:

- Hur mår du idag, Susanna? Hände något särskilt?

Hon serverade skinksmörgås, som Susanna önskade sig. Samtalet glider fram, och de pratar om julen, barnen och framtiden.

Den här dagen såg rummet ut som jultomtens verkstad med massa presenter, blommor, godis. Lilla, kloka Susanna, kunde du ta emot allt detta?

Adventstid och julen 2022 skulle belasta Susanna negativt trots att alla runt henne ville lyfta den bördan hon bar inom sig. Många besökare kom och gick, kanske även de blev besvärande till slut. Många samtal med hennes tvillingsjäl Malin, med syster Elisabeth som alltid var glad och som strävade för Susannas välbefinnande, välmående och glädje trots sjukdomen Susanna blev tilldelad av Vem..?

Epilog

Mina två sista möten: ett med en sovande Susanna och det andra med Susanna sovande sin eviga sömn.

Den nittonde januari 2023 kom jag till Susanna med rosa tulpaner och mötte henne för sista gången vid liv. Det visste jag inte då. Inne på rummet satt Joakim och väntade på mig. Susanna sov sin djupa sömn. På frågan om det skulle passa att väcka henne, svarade Jocke NEJ. Han berättade om dagens aktiviteter, promenaden i friska luften, gemensam lunch.

- Hon blev väldigt trött, svarade Joakim.

Susanna sov så fridfull, hon behövde samla nya krafter. Vi satte oss i korridoren och bytte några ord med varandra. Joakim berättade om Susannas hälsotillstånd, läkningens långsamma framåtskridande, om hennes enorma vilja och önskan att allt skulle vända till det goda. Susanna önskade vara hemma igen med familjen. Jag lyssnade. Det fanns en styrka, tror jag, i båda. Varifrån kom den? Joakim fortsätter:

- Jag är positiv, fast ibland blir det för mycket och jag blir oftare trött. Men snart vänder det och Susanna blir frisk, åtminstone friskare än hon är nu. Det går framåt, Susanna arbetar med kroppen mer för varje gång. Idag tog syster Elisabeth henne på promenad i parken. Då njöt Susanna.

Dags för mig att säga adjö denna gång. Nästa gång blir det bättre och vi kommer att prata med varandra. Jag önskade att få lyssna till Susanna, lyssna på berättelser från hennes liv.

Under de kommande dagarna funderade jag på min strategi och tillvägagångssätt för att samla så många berättelser och fakta från Susannas liv. Jag kontaktade Elisabeth men hon hade då för mycket runt sig. Vi skulle avvakta. Under veckoslutet lyssnade jag igen på hennes sommarprat på frisörspodden.

Vid skymningen måndagen den trettionde januari tog jag en promenad och på vägen mötte jag en flicka med hunden. Tanken flög förbi i mitt huvud. "det är Susannas hund". Ville stanna och fråga, vågade inte. Jag tänkte för mig själv att det var en kollega från salongen eller granne som hjälper till med en hundpromenad. Sedan några dagar tillbaka hade jag en underlig känsla om att jag borde kontakta Joakim om Susanna skulle vara redo för ett besök. Jag kom hem från min kvällspromenad öppnade Facebook och läste "Susanna somnade in lugnt och stilla i kretsen av sina närmaste". Världen rasade för mig. "Susanna, du lurade mig. Du skulle leva, du berättade för mig att mamma inte ville ha dig än. Har det ändrats?" tankarna flög runt i mitt huvud.

*

Nästa dag besökte jag Susanna för sista gången. Denna gång var det Susanna, sovande sin eviga sömn. Jag lade en rosa ros i hennes hand. Färgen liknade de rosa nyanserna på klänningen hon bar. Susanna var sig lik, sov lugnt. Hon var nu tillsammans med sin mor Vinni.

Käraste Susanna, du spred så mycket glädje runt om dig, sprudlade energi till människor runt om dig. Du kom alltid med kloka ord, och kloka råd. Susanna, du levde för att lära oss andra livets hemligheter och värdigheter. Varje dag var en gåva för dig och den gåvan skulle du förvalta på bästa sätt för dig och människor i din omgivning. Du ägde kraften och den gav du till oss andra.

Tack

Jag vill säga tack till er alla ssom jag mötte undet skrivande av denna bok, per telefon eller i form av fysiskt möte. Ni alla har varit till stor hjälp för att kunna skriva om Susannas liv så sanningsenlig som möjligt. Främst tack till Susannas närmaste familj – Joakim, söner, svärmor och syster Elisabeth. Ett stort tack går till Barbro som delade med sig allt och ville minnas allt om Susanna. Tack också till Susannas medarbetare, hennes barndomsvänner och själfränder. Jag vill tacka också till Ted Gemzell för att jag fick ta del av Susannas sommarprat. Boken var tänkt att skrivas tillsammans med Susanna. Ödet ville annat. Jag gjorde mitt bästa för att hedra den stora människan som Susanna var.

Marta Göransson

Texter från Facebook

Dagen efter begravning den 24 februari 2023 skriver Elisabeth

Igår var en av dom värsta dagarna i mitt liv, men också en av de finaste ❤️

Mina tankar har flugit åt alla håll och kanter de senaste veckorna, min storasyster, min bästa vän, min minnesbank är borta... 🥺

Vem ska nu berätta när och var vi gjorde saker ihop? Vem ska jag nu köpa en extra sak till när jag hittar nåt bra? För så gjorde vi, jag och Susanna, hittade vi nåt bra, fint eller roligt köpte vi alltid två.

Vi brukade skoja och säga att vi har bara varandra, men vi hade ju såklart så mycket mer! Våra fina familjer och vänner ❤️

Men borta är hon ju inte, hon kommer alltid och finnas med oss och jag förväntar mig att hon och mamma har ett extra vakande öga på oss alla ❤️På min älskade familj, på Susannas älskade familj och på alla er andra ❤️

Till alla er som tänkt på oss och hjälpt till där det behövts, ni som gjorde så mycket för Susanna, ni som gjorde gårdagen ljus och fin, TACK ❤️Utan er hade den här tiden varit oerhört mycket tyngre!

Susanna skrev efter den andra operationen: Detta var det värsta jag var med om. Var så dålig efter op. att jag inte ville leva, kände att de inte hade koll på mig, fick själv be om syrgas för jag tyckte jag inte kunde andades som jag skulle, kände mig fruktansvärt ensam. Nä, vidrigt, tänkte jag. Jag måste hem om jag ska leva, så kom jag ju hem igår.

Susanna skrev efter mottagen rogivande och rådgivande healing hos Maria efter den andra operationen: Omgående, jag försöker göra vad du säger, går i skogen, kramar och pratar med träden. I förrgår tänkte jag, nu ska jag ta i, jag nästan skriker mina affirmationer, med avslutning "jag är fri från cancer och sjukdom". Helt plötsligt prasslar det, sitter en dam i snåret och plockar blåbär. Hon såg livrädd ut.

Susanna skriver efter den första operationen: Blev akut opererad med blödande hjärntumör natten till lördag, dem fick bort 80 % och var väldigt nöjda.....Tack.

Susanna skriver efter att hon fått besked: Idag. Jag fått besked att det var elakartad, cellgifter och strålning står på schemat, nu gäller det verkligen att kavla upp ärmarna!

Susanna skriver en tid efter andra operationen: Tusen tack för all hjälp. Var på återbesök på Sahlgrenska idag, ingen tumör i sikte, slut på cytostatika kurer, bara MR var tredje månad.

Bildgalleri

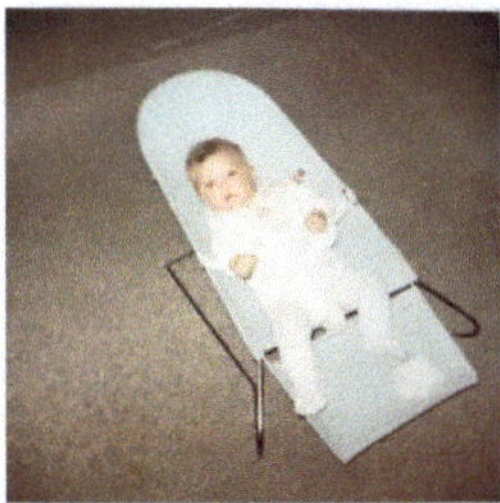

Från liten baby till vacker och duktig kvinna

Familjebilder

Susanna – alltid full av energi och skratt.
Glädjetårar finns också med.

Susanna - yrkeskvinna